DRITTE NATUR

02 | 1.2020

Editorial

Die Erde, sagte neulich ein Sechsjähriger, ist müde. Nicht nur die Nachrichtenlage, auch der Augenschein geben ihm recht: Die globale Jahresmitteltemperatur jagt von einem Rekord zum nächsten. Hurrikane und Taifune verwandeln amerikanische und asiatische Küstenregionen in Notstandsgebiete. Und die im zweiten Sommer in Folge verbrannten Futtermaisfelder der Uckermark werden zum »New Unnormal«. Dass hier etwas aus dem Ruder läuft, kann nicht mehr als theoretische Behauptung abgetan werden – es ist im Alltag sicht- und spürbar. Ja, wir müssen die Verhältnisse zu unseren natürlichen und kulturellen Umwelten neu ordnen. Und weil wir uns auf einer Schwelle befinden, sind unsere Entscheidungen sehr weitreichend. Sie wollen gut durchdacht sein.

Deswegen fragen wir in dieser Ausgabe, ob ein Zoobesuch eigentlich noch ins 21. Jahrhundert passt. Wir denken über Verheißungen und Verheerungen nach, die sich mit der Idee von Schnittstellen zwischen Tier, Mensch und Maschine verbinden. Vorbehaltlos auf Ingenieurslösungen zu setzen, halten wir für ebenso blauäugig, wie auf Wissenschaft und Technik verzichten zu wollen. Nur sollten sich die Erkenntnisse der Wissenschaft an den Erfahrungen konturieren, die Kunst im Umgang mit Natur gewinnen kann. Nur wird sich Technik neu positionieren müssen – nicht zuletzt zur Religion. Die rettenden Potenziale dieser Religion versuchen wir zu erkunden. Und wir beobachten, wie Spekulationen der Finanzmärkte Umweltkatastrophen herbeihandeln, um von ihnen zu profitieren. Das heißt: Wir müssen über den Kapitalismus reden. Und darüber, was uns daran hindert, den Tatsachen ins Auge zu sehen und unser Wissen in Handeln zu übersetzen.

STEFFEN RICHTER

Inhalt

3 **EDITORIAL**

Vom Umgang mit Tieren

7 **VOLKER SOMMER**
Welt der 1000 Stäbe. Was spricht gegen Zoos?

23 **DOMINIQUE MEENS**
Buchfink et. al. Ornithologie des Spaziergängers

Von der Apokalypse

37 **PETER TRAWNY**
Der Verlust der Kette. Anmerkungen zur Apokalypse

53 **PETRA STEINMAIR-PÖSEL**
Erkaltete Liebe und globale Erwärmung.
Überlegungen zu Ökologie und Apokalyptik im Anthropozän im Anschluss an René Girard

67 **TIMOTHY MORTON**
Den Tatsachen ins Auge blicken

Aus der Produktion

89 **ANDREAS LANGENOHL**
Katastrophenkapitalismus

99 **KEVIN LIGGIERI**
Der Mensch zwischen Tier und Maschine?
Zur Geschichte der Anthropotechnik

Von Kunst und Wissenschaft

113 MATTHIAS PABSCH
Naturkultur. Wie Kunst und Wissenschaft voneinander sehen lernen

125 ANDREAS WALTHER
Fotografische Arbeiten

Wege der Literatur

143 BEATRIX LANGNER
Migranten gegen Giganten. Oder: Wie spricht eigentlich die dritte Natur

159 CHRISTIAN LEHNERT
Sprache der Natur

167 SABINE SCHO
Did you see something? (Hast du etwas gesehen?)

175 DANIELA SEEL
Gedichte

VOLKER SOMMER, 1954 geboren, ist Professor für Evolutionäre Anthropologie am University College London. Seit Jahrzehnten erforscht er die Ökologie und das Verhalten wilder Primaten in Afrika und Asien und berät die IUCN (International Union for the Conservation of Nature) als Menschenaffen-Experte. Einer breiteren Öffentlichkeit ist der engagierte Naturschützer durch Medienauftritte bekannt sowie seine provokanten Veröffentlichungen zu evolutionsbiologischen Themen. Zu seinen wichtigsten Büchern zählen *Die Affen. Unsere wilde Verwandtschaft* (1989), *Wider die Natur? Homosexualität und Evolution* (1990), Lob der Lüge (1992, 2015), *Darwinisch denken. Horizonte der Evolutionsbiologie* (2007), *Schimpansenland. Wildes Leben in Afrika* (2008), *Menschenaffen wie wir. Portraits einer Verwandtschaft* (2010).

VOLKER SOMMER

Welt der 1000 Stäbe.
Was spricht gegen Zoos?

Abschied von der Zoo-Philie

Ein Foto im Familienalbum zeigt mich als 12-Jährigen, posierend vor einem vegetationslosen Gehege mit zwei Elefanten darin – entstanden während eines Tagesausflugs vom heimatlichen Nordhessen in den Frankfurter Zoo. Dem stand seinerzeit Professor Bernhard Grzimek vor. Dessen Fernsehsendung *Ein Platz für Tiere* war Mitte der 1960er-Jahre überaus populär und festigte in mir den Entschluss, selbst einmal »Zoologe« zu werden. Mittlerweile umfasst meine Karriere als Tierforscher 40 Jahre, mit Expertise hinsichtlich des Verhaltens wild lebender Affen und Menschenaffen in Asien und Afrika – wobei ich zunehmend Energie darauf verwandte, die Zerstörung verbleibender Biotope aufzuhalten.

Bei der Arbeit lagen Zoos stets am Weg. Als Biologiestudent in Göttingen protokollierte ich während einer Exkursion in die Stuttgarter *Wilhelma* das Benehmen von Blutbrustpavianen. Als ich selbst »Lehrkörper« wurde, delegierte ich meinerseits Studierende, Diplomanden, Masterkursabsolventen und Doktoranden in Tiergärten – vom Affenpark Salem bis Apenheul, Stendal, San Diego, Heidelberg, Basel, Arnheim, London oder Chester. Daraus entstanden Publikationen zu spielenden Schimpansen, sozialisierenden Languren, Rechts-links-Händigkeit von Schnurrbarttamarinen, Kindestötungen bei Meerkatzen und Mandrills, Mehrmännergruppen bei Gorillas oder Nahrungswaschen bei Wildschweinen. Tierpfleger und Zooleiter wurden Freunde, baten mich zu Vorträgen, ermöglichten mir die Produktion von Dokumentarfilmen und Fotobüchern, unterstützten meine Naturschutzarbeit.

Abb. 1 Volker Sommer im Frankfurter Zoo, 1966.

Mittlerweile allerdings scheint mir meine professionelle Zoophilie – sprich: Tierliebe – nicht mehr vereinbar mit meiner einstigen Zoo-Philie. Mich mit pointierten Worten von meiner eher unreflektierten Akzeptanz der Institution zu verabschieden, ist ein wenig wie das Lebewohl von jener Religion, in die wir ungefragt hineingeboren wurden, um deren Gottesbild erst in reiferen Jahren auf den Prüfstand zu stellen.

Relativ gesehen ist die Affäre Zoo eine bescheidene Facette des rundum prekären Mensch-Tier-Verhältnisses.[1] Dass es Schlimmeres gibt – Stichpunkte: Tierfabriken, Fischfang, schädigende Experimente, qualvolle Haustierhaltung – macht das Beklagenswerte an Zoos indes nicht besser. Sei es, wie es sei – gerade ein Nutznießer von Zoos sollte deren Rolle kritisch bewerten. Bis hin zum Rat, die Haltung speziell großwüchsiger Tiere zu beenden, Anstalten zu schließen und einem revidierten Selbstverständnis zuzuführen.

Ergo: Ist es philosophisch, ethisch, moralisch und praktisch akzeptabel, Tiere einzusperren und auszustellen?

Vom »animal hoarding« zum »modernen Zoo«

Exotische Kreaturen zu exhibitionieren, war ein ursprünglich adeliges Privileg – um Macht zu signalisieren und Einfluss über entfernte Weltgegenden. Demokratisierungen und Revolutionen erlaubten dann zunehmend auch Normalsterblichen, sich an Wildtieren zu ergötzen. Die 1752 konstruierte kaiserliche Menagerie Schönbrunn bei Wien wurde 1765 öffentlich, ebenso wie die 1795 im Pariser *Jardin de Plantes* eingerichtete Kollektion, bestückt mit der aufgelösten Sammlung von Versailles. Dem urbanen Volk von London verschaffte ab 1828 ein Zoo Erquickung. 1844 folgte Berlin, und rasch schmückten sich nicht nur Großstädte, sondern selbst Mittelzentren mit Tierparks. Die einstmalige Stifterfunktion der Aristokratie übernahmen dabei zunehmend betuchte Bürger, die das Ansehen ihrer Heimatstadt bessern und sich als Philanthropen gerieren wollten. Heutige Kommunen, die Zoos unterhalten, stehen also in einer komplexen Tradition.[2]

Für Deutschland 2018 listet Wikipedia gut 400 Orte auf, die Tiere zeigen, von »Tonis Tierpark« über den »Garten der Schmetterlinge«, das »Gehege am Schwanenteich« bis zu Metropolen-Attraktionen wie *Hellabrunn, Hagenbeck* und *Wilhelma.*[3] Nur 14 % der Einrichtungen heißen explizit »Zoo« oder »Zoologischer Garten«. Populärer sind Tierpark, -garten oder -gehege (31 %), Wildpark oder -gehege (18 %), gefolgt von Vogelpark (5 %) sowie Aquazoo oder Aquarium (4 %).

Das generelle Prinzip ist »animal hoarding« – gleich Schallplattenerstausgaben oder Oldtimern werden Tiere geradezu süchtig gesammelt. Entsprechend sind die Infrastrukturen der Wildniskompilationen purer Wildwuchs. Weil das Gewerbe kaum gesetzlichen Standards unterliegt, darf jede »gutherzige« Tiernärrin einen »Zoo« eröffnen – perfekte Bedingungen für ubiquitäre Tierquälerei in mit Käfigen garnierten Freizeitghettos.

In einer anderen Liga spielen jene etwa 250 Zoo- und Schauaquarienbetriebe des Weltzooverbands WAZA (*World Association of Zoos and Aquariums*), dem auch das gute Dutzend der größten deutschen Anstalten angehört – in Berlin, Dresden, Duisburg, Frankfurt, Hannover, Karlsruhe, Köln, Landau, Leipzig, München, Nürnberg, Stuttgart, Wuppertal. WAZA-Mitglieder akzeptieren Richtlinien zu Tierwohl, Zucht, Tierhandel und Naturschutz[4] – ebenso wie bescheidenere Einrichtungen, die mit großen Brüdern zum *Verband der Zoologischen Gärten e.V.* (VdZ) zusammengeschlossen sind. Die folgende Kritik bezieht sich speziell auf diese Anstalten – stehen sie doch in exemplarischer Pflicht, ihren Ansprüchen nachzukommen.

In der westlich-liberalen Welt wird die Berechtigung von Tiergehegen seit einem halben Jahrhundert in dem Maße hinterfragt, wie Fragen des Tierwohls und Tierrechts ins öffentliche Bewusstsein rücken.[5] Zoos standen zudem vor hausgemachten Problemen. Das seit gut 150 Jahren etablierte Konzept als Volkseinrichtung war alsbald weltweit kopiert worden, was großflächige Plünderung exotischer Bestände nach sich zog. Um den florierenden Handel einzudämmen, galten ab 1973 die Regeln von CITES (*Convention on International Trade in Endangered Species of Fauna and Flora*). Das setzte Zoos unter Druck, die Sterberaten in ihren Kollektionen zu senken.

Um das eigene Gewissen zu beruhigen und die erodierende Reputation aufzupolieren, wurde speziell im deutschsprachigen Raum eine Art Charmeoffensive entwickelt. Demnach stellt der »moderne Zoo« Tiere nicht zu seichtem Vergnügen aus, sondern widmet sich höheren Aufgaben: Bildung, Artenschutz, Forschung, Erholung.[6]

Realiter allerdings, und darum geht es im Folgenden, wird das »Vier-Säulen-Konzept« seinen Ansprüchen nicht gerecht, weil es nicht tragendes Fundament, sondern nachgeschobener Überbau der Institution Zoo ist.[7]

Erholung!

Wohl weil als Leitgedanke am wenigsten nobel, steht »Erholung« etwas verschämt am Ende der Vier-Gründe-Liste. Gleichwohl sind hedonistische Bedürfnisse nach Ablenkung, Entspannung, Unterhaltung und Zeitvertreib der primäre Grund für einen Besuch – und jener, der allein die Kassen klingeln lässt. Speziell die kleineren Läden sind Kindergärten mit Klamauk, garniert mit Tieren als Kulisse. Aber auch die großen Anstalten nutzen ihre exotischen Insassen als Staffage und offerieren Gala-Dinner im Aquarium, Musik- und Tanzfeste, Theatralisches oder gar die Schöpfungsvielfalt preisende Gottesdienste. Die Zielvorgabe »Erholung« dient mithin unseren Lüsten. Um das individuelle Interesse der Zwangsdarsteller geht es nicht – selbst Zoopropaganda wüsste, dass wir uns damit nach Absurdistan begäben. Da beißt die Maus keinen Faden ab: Starren wir um unserer Entzückung willen auf gefangene Tiere, werden die schlicht instrumentalisiert, objektiviert und ausgebeutet.

Bildung?

Höher ambitioniert ragt die zweite Säule auf, weil sich vielleicht manch flacher Spaßbürger doch zum Bildungsbürger reformieren lässt. Jedenfalls

Abb. 2 Erholung mit Eisbären, »Bärenburg«, Leipzig 1964.

behaupten Zoos, über biologische Vielfalt aufzuklären. Im Einzelfall mag der Bildungsauftrag gelingen. Die Masse hingegen lernt gewiss nichts Nachhaltiges über die Biologie der Exponate oder ihrer Habitate. Jedenfalls hat keine belastbare Studie positive Wirkungen belegen können – was nicht verwundert, beträgt die Verweildauer vor einem Gehege doch weniger als eine Minute. Stattdessen findet eher Desinformation statt, weil tatsächliche Bedrohungen unterschätzt werden – die Tiere befinden sich ja offenbar in einer sicheren »Arche«.[8]

Schlimmer ist, dass Besucher – besonders Kinder – systematisch *de*-sensibilisiert werden. Denn das Zooerlebnis normalisiert eine Situation, in der angebliche »Mitgeschöpfe« hinter Gittern, Panzerglas, Kunstfelsen und Wassergräben interniert sind. Der Tierrechtler Colin Goldner recherchierte für seine Philippika von 2014 *Lebenslänglich hinter Gittern: Die Wahrheit über Gorilla, Orang Utan & Co in deutschen Zoos* sämtliche Anstalten, in denen Große Menschenaffen gehalten werden. Dabei dokumentierte er den O-Ton einer Zoopädagogin, die Hauptschülern einen isoliert gehaltenen Silberrücken vorstellt, der teilnahmslos in der Ecke hockt: »Ich wäre gerne Gorilla in unserem Zoo. Die leben hier wie im Fünf-Sterne-Hotel und brauchen sich um nichts zu kümmern. Die haben's hier viel besser als in freier Wildbahn«.[9] Ausgestellte Tiere zu betrachten, konditioniert uns mithin von Kindesbeinen an, Zerrbilder für »Natur« zu halten und den markanten Widersinn auszublenden, dass »wilde« Tiere gefangen gehalten werden.

Strategischer Neusprech verkauft Käfige und Anlagen dennoch als ein »Zuhause«, in dem Tiere »Gastgeber« sind. Des Weiteren werden Zooinsassen zu »Stellvertretern« und »Botschaftern« ihrer wild lebenden Artgenossen stilisiert. Die Schönfärbereien sollen kaschieren, dass Einzelwesen ihrer Autonomie beraubt werden. Denn offenkundig kann niemand »Botschafter« sein, der keine Wahl hat. Mithin liegt hier eine selbst erteilte Lizenz vor, die das Interesse von Einzelnen übergeordneten Idealen opfert. Solche Ideologie wird gemeinhin Faschismus genannt.

Forschung?

WAZA-Zoos wollen »wissenschaftlich geleitete« Einrichtungen sein – was eine Einstufung als »nicht kommerziell« erlaubt. Die Bedingung ist erfüllt, sobald der Direktor ein Hochschulstudium vorweist – wobei Jura genauso qualifiziert wie Tierkunde oder Veterinärwissenschaft. Das formal leicht erwerbbare Signet der Wissenschaftlichkeit dient dabei in erster Linie der Perpetuierung der Firma.[10] Denn eine »wissenschaftliche« Anstalt darf sogar auf der roten CITES-Liste katalogisierte Tiere über Ländergrenzen hinweg mit anderen Zoos austauschen und mit ihnen Handel treiben, der »Forschungszwecken« dient. Die Webseite vom *Verband der Zoologischen Gärten* beschreibt als Zweck der »Tiergartenbiologie«, »die Grundlagen für die optimale Versorgung von Wildtieren im Zoo« zu erarbeiten. Das Etikett der Wissenschaftlichkeit ist somit komplett selbstbezüglich, geht es doch um die Akquise für und Haltung von Tieren in Gefangenschaft.

Übergreifende Strategien zur Grundlagenforschung fehlen. Gewöhnlich werden Untersuchungen von außen initiiert, also von Studenten oder Wissenschaftlern, die individuell eigene Projekte verfolgen. Die Bereitschaft, derlei externe Forschung zu unterstützen (Tierpflegerzeit, Probensammeln, Unterkünfte), schwankt von Einrichtung zu Einrichtung. Manche Leitungsgremien sind kooperativ und hilfsbereit, andere lassen Außenstehende ungern hinter die Kulissen blicken.

Die Zahl der an Zoos angesiedelten und zugleich von der Institution finanzierten Forschungsgruppen lässt sich selbst weltweit vermutlich an einer Hand abzählen. So ist die ZSL (*Zoological Society of London*) zwar Träger der Zoos in London und Whipsnade sowie der renommierten Wissensschmiede des *Institute of Zoology* (IoZ). Doch schultert nicht die ZSL, sondern der Staat die laufenden Kosten des IoZ; Zootiere untersuchen IoZ-Wissenschaftler überdies kaum. Ähnlich ist es mit dem Zoo Leipzig. Dort unterstützen Tierpfleger zwar das dem Max-Planck-Institut für Evolutionäre Anthropologie angeschlossene Wolfgang-Köhler-Primatenforschungszentrum. Das finanziert seine Untersuchungen der im *Pongoland* gehaltenen Menschenaffen jedoch selbst.

Obwohl Zoos mit dem Markenzeichen »Forschung« hausieren gehen, ist sie bestenfalls Beiprodukt und schlimmstenfalls Feigenblatt. Damit das Unternehmen per se rechtfertigen zu wollen, gleicht Hochstapelei.

Artenschutz?

Als Knock-out-Punch für Kritiker wird die Behauptung geschwungen, Zoos wären Gralshüter der Artenvielfalt. Denn sie engagieren sich einerseits *in-situ* in natürlichen Biotopen, andererseits *ex-situ* durch Zuchtprogramme, damit – so etwa der Direktor der Stuttgarter *Wilhelma* – »vom Aussterben bedrohte Tierarten erhalten und später wieder ausgewildert werden«.[11] Wie stellt sich das auf dem Prüfstand dar?

Zurzeit werden zooübergreifend 200 *Europäische Erhaltungszuchtprogramme* (EEP) koordiniert.[12] Die offizielle Linie wird dabei nicht müde, auf etwa ein Dutzend Wiedereinbürgerungen von zuvor im Freiland ausgestorbenen Spezies zu verweisen. Dabei handelt es sich um einige Vögel (Hawaiigans, Kalifornischer Kondor, Waldrapp, Bartgeier) und Säugetiere (Arabische Oryxantilope, Wisent, Przewalski-Pferd). Hinzu kommen »Auffrischungen« von Wildbeständen (Weißstörche, Seeadler, Gänsegeier, Uhus, Auerhühner, Moorenten, Rebhühner; Steinböcke). Das klingt gut – lenkt aber davon ab, dass Freilassung der allermeisten Zuchttiere nie erfolgen wird.

Die aufopfernde Arche-Mission ist nämlich keineswegs Antrieb zur Zucht. Vielmehr steht das Eigeninteresse im Vordergrund, Arten selbst ohne den mittlerweile legal problematischen Erwerb weiterer Wildfänge mit ausreichender genetischer Diversität in Gefangenschaft zu erhalten. Durch

1 Judith Benz-Schwarzburg: *Verwandte im Geiste – Fremde im Recht. Sozio-kognitive Fähigkeiten bei Tieren und ihre Relevanz für Tierethik und Tierschutz* (Tierrechte – Menschenpflichten, Bd. 16). Erlangen 2012; Antoine F. Goetschel: *Tiere klagen an.* Frankfurt a. M. 2013. Friederike Schmitz (Hg.): *Tierethik: Grundlagentexte.* Berlin 2014.

2 Keekok Lee: *Zoos. A Philosophical Tour.* Houndmills 2005.

3 Wikipedia. Die freie Enzyklopädie: Liste zoologischer Gärten in Deutschland: https://de.wikipedia.org/wiki/Liste_zoologischer_G%C3%A4rten_in_Deutschland (13. 11. 2018)

4 Wikipedia. Die freie Enzyklopädie: World Association of Zoos and Aquariums: https://de.wikipedia.org/w/index.php?title=World_Association_of_Zoos_and_Aquariums&oldid=179293291 (13. 11. 2018)

5 Petra Mayr (Hg.): Zoo. *TIERethik – Zeitschrift zur Mensch-Tier-Beziehung.* 6. Jg., 9 (2014).

6 Heini Hediger: *Zoologische Gärten. Gestern – heute – morgen.* Bern 1977.

7 Colin Goldner: *Lebenslänglich hinter Gittern. Die Wahrheit über Gorilla, Orang Utan & Co in deutschen Zoos.* Aschaffenburg 2014. Und: Colin Goldner: »Das sogenannte ›Vier-Säulen-Konzept‹: Bildung, Artenschutz, Forschung und Erholung. Wie heutige Zoos ihre Existenz rechtfertigen.« In: *TIERethik.* 6. Jg., 9 (2014), S. 56–70.

EEPs von Gorillas, Sumatra-Tigern, Bonobos, Panzernashörnern, Okapis, Grevy-Zebras, Babirusas, Netzgiraffen, Doppelhornvögeln oder Kongopfauen werden die Zoos selbst zu vornehmlichen Profiteuren. Nur am Rande sei erwähnt, dass die Zucht-Strategie erfordert, sogenannte »überzählige« Tiere zu töten und gegebenenfalls an andere Zooinsassen zu verfüttern – eine Praktik, die zumindest konsequent ist.

Gravierender wiegt, dass die meisten gezüchteten Arten gar nicht vom Aussterben bedroht sind. Selbst etliche EEP-Zuchten haben einen Rote-Liste-Status von »nicht gefährdet« (*least concern*), darunter Primaten (Schnurrbarttamarin, Blutbrustpavian, Totenkopfäffchen) und andere reizvolle Tiere (Wombat, Königspinguin, Tümmler). Wollten Zoos bedrohte Tierarten um späterer Auswilderung willen konservieren, sollten sie sich auf entsprechend ausgewählte Spezies konzentrieren. Das ist eindeutig nicht der Fall, weil Zoos Briefmarkensammlungen sind – ein paar farbenfrohe Vögel hier, einige Riesenviecher dort, gänsehautgenerierende Raubtiere nebenan, und in der Mitte die lustigen Affen. Das »Erfolgsrezept« ist die Wundertüte, die bunte Mischung von Sarotti.

Das *Ex-situ*-Mantra der Zoolobby, also das Beharren auf Maßnahmen zur Erhaltung einer Art außerhalb ihres eigentlichen Lebensraumes, ist überdies realitätsblind, etwa wenn die in der Wildnis vom Aussterben bedrohten Orang-Utans herhalten müssen als wahrscheinliches zukünftiges Beispiel »für Tierarten, die nur durch Zuchtprojekte von zoologischen Gärten überleben« werden können – was die Züchtung der roten Menschenaffen in der *Wilhelma* rechtfertige.[13] Dabei harren auf Sumatra und Borneo Tausende (!) entwurzelter Orang-Utans in Auffanglagern aus – deren Auswilderung hätte sicherlich Priorität vor Nachzuchten aus Stuttgart.[14] Warum sollten deutsche Zoos angesichts dieser traurigen Schwemme zusätzliche Menschenaffen produzieren?

Ebenfalls irreführend ist der Verweis auf ein angebliches Interesse der Tiere an der Erhaltung ihrer Art. So polemisiert das *Wilhelma magazin* in der Unterschrift zu einem Foto, das ein Nashorn abbildet: »In Würde aussterben lassen: Das ziehen einige Tierrechtler der (Er-)Haltung in Zoos vor. Ob die hochbedrohten Nashörner das auch so sehen?«[15] Doch während es natürlich dem einzelnen Nashorn, Kongopfau oder Babirusa nicht egal ist, ob es leidet oder sich freut, ist es dem Individuum vollkommen gleichgültig, ob seine Art überlebt. Insofern wäre durchaus darüber nachzudenken, nur noch von Menschen gehaltene Spezies »in Würde« aussterben zu lassen – statt ausgewählte Exemplare um Ästhetik oder Wissenschaftlichkeit willen am Leben zu erhalten.

Schließlich: Wie schaut das vielgepriesene *In-situ*-Engagement aus, also die Arterhaltung in natürlichen Biotopen? Die Webseite der *Wilhelma* etwa listet ein Dutzend Projekte auf – mit Anker-Spezies wie Schildkröten, Zebras, Gorillas, Drills, Okapis, Tigern, Bonobos, Orang-Utans in Nationen wie Kenia, Belize, der Demokratischen Republik Kongo oder Indonesien.[16] Das klingt erst mal gut. Doch wer nachrechnet, stellt fest, dass den Initiativen zwischen 1996 und 2018 lediglich etwa 387 000 Euro zuflossen. Das sind bestenfalls 63 908 Euro pro Jahr – also 0,45 % des jährlichen Umsatzerlöses (um 14 Mio. €), 0,25 % des Jahresbudgets (um 20 Mio. €) oder 0,29 % der Baukosten für das neue Menschenaffenhaus (um 22 Mio. €)! Eine Daseinsberechtigung für Zoos stellen derlei Promillebeträge nicht dar. Damit gleichwohl Imagepflege zu betreiben, ist Augenwischerei und peinlicher »greenwash«. Von Institutionen, die als vorbildlich gelten wollen, wäre mehr zu erwarten – zumindest die zehnfache Summe, um eine Hausnummer zu nennen.

Fazit: Das Vier-Säulen-Konzept mag ein kluger PR-Akt sein. Weil aber Bildung, Forschung und Artenschutz weithin Etikettenschwindel sind, taugt allein die vierte Säule als zentraler Identitätsmarker: Erholung. Sie markiert, was Zoos schon immer waren: »animal hoarding« zum Vergnügen von Menschen.

Tödliches Einerlei

Ein eher akademisches Abwägen von Pro und Kontra steht in der Gefahr, die individuellen Zooinsassen auszublenden. Wir sollten uns deshalb klarer vor Augen führen, wie eine Existenz »im Gewahrsam von Menschen« aussieht. Laut Jubelpropaganda des *Verbandes der Zoologischen Gärten* wird hier die Natur optimiert und übertroffen: »Das hohe physische und psychische Wohlergehen der Tiere ermöglicht ihnen ein längeres Leben.«[17] In Wahrheit ist Zooexistenz jedoch

8 Stephen R. Ross, Kristen E. Lukas, Elizabeth V. Lonsdorf, Tara S. Stoinski, Brian Hare, Robert W. Shumaker & Jane Goodall: »Inappropriate use and portrayal of chimpanzees.« In: *Science* 319 (2008), S. 1487.

9 Zit. nach Goldner: *»Vier-Säulen-Konzept«*, S. 61.

10 Goldner: *Lebenslänglich*, S. 67.

11 Thomas Kölpin: »Sollten Tiere in Zoos gehalten werden?« In: *Wilhelma magazin* 3 (2015), S. 8–13, hier: S. 10.

12 EAZA: http://web.archive.org/web/20150205074701/http://www.eaza.net/activities/cp/Pages/EEPs.aspx (14. 11. 2018)

13 Kölpin: *Tiere in Zoos*, S. 10.

14 siehe auch Nicola Hughes, Norm Rosen, Neil Gretsky & Volker Sommer: »Will the Nigeria-Cameroon chimpanzee go extinct? Models derived from intake rates of ape sanctuaries.« In: Volker Sommer & Caroline Ross (Hg.): *Primates of Gashaka. Socioecology and Conservation in Nigeria's Biodiversity Hotspot.* New York 2011, S. 493–523 (Ch. 14).

15 Kölpin: *Tiere in Zoos*, S. 12.

16 Wilhelma: www.wilhelma.de/de/natur-und-artenschutz.html (14. 11. 2018)

17 Verband der Zoologischen Gärten: https://www.vdz-zoos.org/de/themen/tierhaltung-und-tierschutz/ (14. 11. 2018)

kein Zuckerschlecken, sondern geht im Regelfall mit erheblichem Leid und Lebensverkürzung einher. Intuitiv zugänglich ist uns das vor allem bei Säugetieren, da wir Mitglieder derselben Tiergruppe sind. Jenseits von Einfühlung lassen sich die traurigen Tatbestände zudem statistisch erfassen.

So zeigen Säugetiere oft Verhaltensstörungen, wenn ihr Bewegungsspielraum eingeschränkt wird.[18] In ihrer Deprivation suchen sie Zuflucht in Stereotypien, repetitiven motorischen Abläufen – etwa jenem sich unablässig wiederholenden Herumwandern, das Rainer Maria Rilke in seinem meisterlichen Poem *Der Panther* so treffend beschreibt: »Sein Blick ist vom Vorübergehn der Stäbe / so müd geworden, daß er nichts mehr hält. / Ihm ist, als ob es tausend Stäbe gäbe / und hinter tausend Stäben keine Welt.«

Warum aber zieht die Katze unendliche Schlaufen? Monotone Abläufe simulieren ein Gewiegtwerden, wie es das Ungeborene im Bauch der Mutter erfährt – Hort ultimativer Geborgenheit. Die selbst generierte Rhythmik führt zum Ausschütten beruhigender Neurotransmitter und regulierender Hormone, Mechanismen, die auch hinter dem selbstumarmenden Schaukeln vernachlässigter Menschenkinder stehen. Andere Stereotypien sind gebetsmühlenartiges Haarauszupfen, ostinates Kopfwiegen, Kotessen, zwanghaftes Herumkauen oder Herauswürgen von Nahrung, nur um das Erbrochene erneut aufzunehmen – Reaktionen, die in tödlicher Langeweile wenigstens etwas Stimulation und Selbstwahrnehmung bieten.

Hochgradig befremdlich wirken zudem bei Menschenaffen beobachtbare Rituale, bei denen Körperteile ein Eigenleben entwickeln.[19] So führt ein Schimpanse zuweilen die Hände um den Kopf herum, als seien sie schwebende Objekte, beobachtet sie aufmerksam oder versucht sie gar zu parieren. Mitunter wird der Fuß zum interaktiven Partner. Der Körperteil wird »gefangen« und benagt, nur um sich wieder »frei zu ringen«. Zeitweilig wird der Fuß fanatisch angegriffen und blutig gebissen. Der Schimpanse schreit vor Wut und Schmerz, schlägt und schüttelt die Gliedmaße, als sei sie ein Aggressor, den es abzuwehren gilt. An regelmäßig attackierten Stellen bilden sich Schwielen. Zeigen Menschen derlei zwanghafte Selbstverletzung, geben sie an, von einer verzweifelten Sehnsucht getrieben zu sein, »irgendetwas fühlen« zu wollen. Könnten die von Autoaggression betroffenen Zootiere reden, würden sie wohl das Gleiche sagen.

Beim naiven Zoopublikum verstärkt solch bizarres Gebaren gerade von Affen die Ansicht, diese Kreaturen seien »Karikaturen« von Menschen. Die

Verunstaltung der Tiere zu erbärmlichen Parodien ist jedoch eine direkte Folge des Freiheitsentzugs – was zahlreiche Studien belegen.

So müssen eingesperrte Fleischfresser mit einem Bruchteil ihrer typischen Jagdgebiete auskommen – ein Löwe mit einem Siebzehntausendstel, ein Eisbär mit einem Millionstel. Entsprechend frustriert verbringen die Tiere um die Hälfte der Zeit mit stereotypem Herumwandern.[20]

Bei Zoo-Löwen ist überdies oft das Gleichgewicht gestört, assoziiert mit Torkeln, Zittern und Schieflegen des Kopfes. Verglichen mit Schädeln wilder Löwen haben internierte ein signifikant kleineres *Foramen magnum,* jenes Loch, durch das sich das Rückenmark mit dem Gehirn verbindet – vermutlicher Grund der neurologischen Störungen.[21]

Die Existenz als Insasse ist oft kurz. So überleben zoogeborene asiatische Elefantinnen 19 Jahre, hingegen selbst in burmesischen Holzfäller-Camps 42; eine afrikanische Elefantin in Kenia lebt 56 Jahre, im Zoo nur 17. Daten für fast 5000 Kühe belegen keine Verbesserung der Situation über ein halbes Jahrhundert hinweg (1960–2005).[22]

Der letzte Punkt ist wichtig. Denn Zoos behaupten, triste und stupide Tierhaltung sei dunkle Vorzeit, längst ersetzt durch *environmental enrichment,* also Anreichern der Internierung durch divers strukturierte Gehege, Spielgeräte, Nahrungs-Labyrinthe, Unterbringen in Gruppen etc.[23] Vielleicht mag dies den Leidensdruck eines versorgten, kontrollierten, nicht-autonomen Daseins abschwächen – aber an der Ursache des Übels ändert sich nichts.

Trotz alledem findet sich auf der Webseite vom *Verband der Zoologischen Gärten* kein einziges Wort der Selbstkritik oder gar des Zweifels an der Doktrin, dass es Zootieren psychisch und physisch gut geht – denn schließlich leben sie »in einem ihrem natürlichen Lebensraum nachempfundenen Gehege«. Es muss wohl ein Narr sein, der das bestreiten wollte – schwimmen doch Delfin und Orca in Wasser, während Nashorn und Elefant auf festem Boden stehen. Eben ganz wie in der wilden Natur ...

»Artgerecht ist allein die Freiheit«?

In Diskussionen pro und kontra Zoo taucht regelmäßig der Begriff »artgerecht« auf. Bis vor Kurzem behauptete die Zoolobby, »artgerechte« Haltung sei durchaus möglich – eben durch umgestaltete Gehege und verbesserte Tierpflege. Weil sich jedoch die skizzierten Belege für unvermeidliches Schlechtbefinden der Insassen häufen, wird stattdessen die Wildnis als deprivierend charakterisiert. So schreibt der Direktor der *Wilhelma:* »Genauso wie in Zoos Glasscheiben, Zäune oder Gräben die künstlichen Habitate begrenzen, schränken in der Natur Ressourcen wie Nahrung, Wasser oder Paarungspartner, Beutegreifer und die Territorien von Artgenossen die ›Freiheiten‹ von Tieren ein«.[24] Konsequenz: »Für einen Tiger ist die duftmarkierte Grenze zum Territorium eines Nachbartigers in der freien Wildbahn genauso unüberwindbar wie die Begrenzung seines Geheges im Zoo«.[25]

Im Kontrast zur Gefangenschaft sind allerdings Kosten und Einschränkungen im Freiland dynamischer Natur. So herrscht zuweilen Verknappung und ein andermal Fülle, droht heute Gefahr, während morgen Frieden einkehrt. Dies Auf und Ab bereichert die Existenz – während im Zoo lähmendes Einerlei regiert. Im Urwald verfliegt die Duftmarke des Rivalen irgendwann; die Zwingermauer verschwindet nie.

In der Tat ist der Begriff »artgerecht« Unsinn – weil er suggeriert, dass es eine optimale Art und Weise gibt, wie ein Tier sein Leben zubringt. Die Vorstellung nährt sich aus einem überkommenen statischen Naturbild, das in idealistischen Konzepten wurzelt. In der Natur hingegen existieren keine Patentlösungen. Vielmehr besiedeln Mitglieder derselben Art diverse Lebensräume, sie verkörpern Persönlichkeiten samt individuellen Neigungen und Abneigungen und folgen als Gruppe lokalen Sitten und Gebräuchen. Einzelne Tiere oder selbst Populationen können deshalb nicht als repräsentativ gelten. Entsprechend bunt ist die jeweilige intraspezifische Varianz.[26]

Gleichwohl hat dieses Diktum zumindest im ethischen Sinne Grenzen. Sonst wäre es ja gleichgültig, ob ein experimentell mit Hepatitis infizierter Laboraffe in einem finsteren Käfig hockt oder im Dschungel Thailands durchs Geäst klettert. Und es wäre egal, ob ein Eisbär Robben am Polarkreis jagt oder jahrzehntelang im Zoobecken planscht. Wer so denkt, denkt zynisch.

Insofern gibt es den Vorschlag, den Begriff »artgerecht« durch »verhaltensgerecht« zu ersetzen. Doch wo genau endet die »Gerechtigkeit«? Die Natur selbst gibt uns nur ungenügend Maßstäbe an die Hand, was als richtig oder falsch gelten soll. Das müssen wir selbst entscheiden – und genau darum geht es in der Diskussion von »pro und kontra Zoo«. Für die Kontra-Seite ist klar: Der Zoo der Zukunft hat viel zu tun. Speziell, sich in großen Teilen selbst abzuschaffen.

Zoos im Futurum

Welche Zukunft könnten Kritiker und Freunde von Zoos diesen Einrichtungen wünschen? Eine radikale Lösung wäre, sie zu schließen und die Sammlungen in koordinierten Auffangstationen zusammenzuführen, die für die Öffentlichkeit nicht zugänglich sind – etwa auf Inseln in Flüssen und Seen. Im Minimum sollte sich die Haltung von Tieren mit starkem Bewegungs- und Raumbedarf von selbst verbieten – mithin Haltung von Bären, Großkatzen, Elefanten, Nashörnern, Flusspferden oder Delfinen.

Um den Kreislauf zu durchbrechen, müssten ehemalige Zooinsassen dann bis an ihr Lebensende versorgt werden, ohne sich weiter fortzupflanzen. Zwar produzieren derlei Verhütungsmaßnahmen Leid, weil sie die »erfreulichen« Aspekte des Umkümmerns von und Interagierens mit Jungtieren unterbinden. Gleichwohl wird ein weitaus beträchtlicheres ethisches Problem nicht mehr perpetuiert.

Den konsequenten Schritt der Selbstauflösung ging 2016 die Stadtverwaltung von Buenos Aires mit ihrem bei Jung und Alt beliebten kommunalen *zoológico*. Dessen 2500 Tiere sollen ausgewildert oder in Reservate umgesiedelt werden, während 50 nicht umsetzbare Individuen unter verbesserter Haltung verbleiben, aber nicht mehr gezeigt werden. Die 18 Hektar des Areals im Stadtteil Palermo werden zu einem Ökopark umgestaltet. Der Bürgermeister erklärte, das Einsperren und Ausstellen von Tieren sei entwürdigend und nicht mehr zeitgemäß.[27] Warum sollen deutsche Kommunen nicht genauso proaktiv sein können? Zumal für mehr als eine Generation von Zoo-Mitarbeitern weiterhin wichtige Aufgaben durch Umwidmung frei werdenden Geländes anstünden.

Wer unbedingt seinen Kontroll- und Zuchttrieb ausleben möchte, mag sich spezialisieren auf *Kreucht&Fleucht-Biome*, mit Kolonien von Käfern, Schaben, Bienen, Schmetterlingen, Ameisen, Würmern, Krustentieren, Schnecken, Termiten oder Spinnen. Derlei Kleingetier wirkt durchaus publikumsmagnetisch – macht sich aber weniger als ein Gorilla-Silberrücken daraus, offenen Mundes angestarrt zu werden. Gleich-

18 Martin Brüne, Ute Brüne-Cohrs, William C. McGrew & Signe Preuschoft: »Psychopathology in great apes: concepts, treatment options and possible homologies to human psychiatric disorders.« In: *Neuroscience and Behavioral Reviews* 30 (2006), S. 1246–1259.

19 Ebd.

20 Ros Clubb, Georgia J. Mason: »Captivity effects on wide-ranging carnivores.« In: *Nature* 410 (2003), S. 35–36.

21 Joseph Saragusty, Anat Shavit-Meyrav, Nobuyuki Yamaguchi, Rona Nadler, Tali Bdolah-Abram, Laura Gibeon, Thomas B. Hildebrandt & Merav H. Shamir: »Comparative skull analysis suggests species-specific captivity-related malformation in lions (Panthera leo).« In: *PLoS ONE*, 9. 4. 2014: https://journals.plos.org/plosone/article?id=10.1371/journal.pone.0094527 (14. 11. 2018)

22 Clubb, Mason: *Captivity effects.*

23 Robert J. Young: *Environmental Enrichment for Captive Animals.* Blackwell 2003.

24 Kölpin: *Tiere in Zoos*, S. 12–13.

25 Ebd., S. 13.

26 Volker Sommer, Amy Parish: »Living differences. The paradigm of animal cultures.« In: Ulrich Frey, Charlotte Störmer & Kai Willführ (Hg.): *Homo Novus – A Human Without Illusions.* (The Frontiers Collection). Heidelberg 2010, S. 17–31.

27 Colin Goldner: *Grundrechte für Menschenaffen. Eine Zusammenfassung der aktuellen Situation.* 4. 1. 2017: https://hpd.de/artikel/grundrechte-fuer-menschenaffen-13938 (14. 11. 2018)

falls ethisch navigierbar wären Zuchtbehälter für kleine Wirbeltiere wie Frösche, Ratten, Nacktmulle oder das Einrichten einer beschränkten Zahl frei wählbarer Nistplätze für Vögel wie die beliebten Störche. Und herzlos verstoßene Haustiere könnten ebenfalls eine Bleibe finden.

Ein künftiges *Biodrom* könnte überdies komplett auf Virtualität setzen. Anbieten würden sich Life-Übertragungen via Körperkameras (*body cams*), mit denen Biologen etwa wilde Albatrosse, Nashörner, Elefanten oder Pottwale verfolgen; Animatronic, die Dinosaurier oder Mammuts auferstehen lässt; Naturdokumentationen im 3D-Imax-Format; Citizen-Science-Slams, bei denen Naturliebhaber ihre Sichtungen von Stechmücken, Kaulquappen, Quallen und Waschbären als Livereportagen in Computer einfüttern – Formate, die punktuell bereits eingesetzt werden.

Leider sind wir von radikalen Verbesserungen derzeit noch weit entfernt – nicht zuletzt, weil die Zoolobby weiterhin ungeniert behauptet, Tiergärten seien eine gute Sache.

Der eingangs beschriebene Zoobesuch war übrigens der einzige meiner Jugend. Auch wenn er meinen Entschluss stimulierte, Zoologe zu werden, war dafür nicht der Elefant ausschlaggebend. Vielmehr faszinierten mich andere, von einem Wassergraben umschlossene Insassen: eine wimmelnde Kolonie von Ameisen.

DOMINIQUE MEENS, 1951 im französischen Saint-Omer geboren, ist Schriftsteller. Neben einem umfangreichen poetischen Werk entstand in den letzten Jahren auch zahlreiche Prosatexte. Der hier abgedruckte Text aus *Ornithologie des Spaziergängers* (1995, Édition Allia) ist die erste deutsche Übersetzung, besorgt von Rainer G. Schmidt.

Buchfink et. al.
Ornithologie des Spaziergängers

DOMINIQUE MEENS

EIN WINTERVOGEL

Es gibt eine Lust an der Wiederholung, am Wiederaufgreifen, ein Glück, es zu sagen und wieder zu sagen, dass das Rotkehlchen ein Wintervogel ist. Das Rotkehlchen ist ein Wintervogel, ich wiederhole es; danach sagen, dass das Rotkehlchen – so oft es abspulen, bis sich schließlich die Zunge verhaspelt und euch die rote Gurgel zuschnürt, die Gorgonengurgel –, entschieden ein für alle Mal sagen, dass das Rotkehlchen der Wintervogel schlechthin ist, und das kann genügen, um den kältesten, den grausten und regnerischsten Wintertag zu erhellen. Das Rotkehlchen ist ein Wintervogel; ein Wintervogel, das Rotkehlchen; der Wintervogel ist das Rotkehlchen, ihr wisst nicht mehr, wer es euch predigt, wer es euch durchhecheln lässt, wer es euch vororgelt, ich sage es euch, das ist der Vogel. Ihr seid beim Spazieren, schreitet dahin, die Kinder laufen, springen, ihr redet, schwatzt, der Vogel packt euch im Nu, als käme ein Finger aus Waldesruh. Du da! Hör ein bisschen zu. Sei eine Sekunde still, und bleib auch stehen! Ihr bleibt auf der Stelle stehen. Ihr hört wieder dem Rotkehlchen zu. Ihr hört ihm wieder zu, wie ihr ihm jedes Jahr zugehört habt, zwischen zwei kalten Regengüssen, hinten im Garten, am Rand des Waldpfads, im buschigen Winkel der Grünanlage. Ihr habt es nicht im Mai gehört. Und zwar, sagt ihr euch, weil es sich entfernt hat, weil es dem Rotschwänzchen den Platz überlassen hatte, der Nachtigall des Gemäuers in der Stadt; in den Wäldern von Senlis oder des Limousin hatte die Nachtigall seine Stimme überdeckt, habt ihr diese für weniger *interessant* gehalten. November bringt es euch zurück, und ihr entdeckt es, ihr entdeckt es dann wie in den Jahren zuvor, der Wintervogel wiederholt euch, was er im Frühling sang, und ihr seht, ihr hört, endlich.

Die Wiederholung ist kein Fehler, den man vermeiden, korrigieren müsste; die Wiederholung ist kein literarisches Spiel, kein stilistischer Effekt, keine Zutat oder Würze. Die Vögel wiederholen sich und insbesondere ein Wintervogel tut dies, das Rotkehlchen. Ihr sagt, dass es sich wiederholt, dass die Vögel sich wiederholen, dass es, dass die Vögel immer das Gleiche wiederholen, mit Abtönungen, sagt ihr, Abtönungen! Mit Variationen, sagt ihr, Variationen!

Die Wiederholung, das Wiederaufgreifen des Rotkehlchens, der Vögel im Allgemeinen: noch einmal, an diesem Winterbeginn, ein Vogel, während eures Sonntagsspaziergangs, der im Grunde nur ein Ersatz von Spaziergang ist, ein verkümmerter Spaziergang, ein abgekürzter Spaziergang, der Abriss eines Spaziergangs, den ihr euch trotz seiner Lächerlichkeit gönnt, da nimmt euch ein Wintervogel gefangen, erinnert euch an den Winter, an den Winter eurer sonntäglichen Bummeleien, Winter, in dem ihr unweigerlich ersticken werdet, die ihr vom sonntäglichen Surrogat verschluckt seid, da hellt euch ein Vogel den Winter auf, in den ihr sackt, nimmt euch wieder gefangen, zieht euch an den Haaren heraus. He da, du! Hör mir einen Augenblick zu.

Eines Sommers im Quercy, aber das Quercy hat wenig zu sagen, ist das Bild wiedergekehrt jener Winter mit dem Rotkehlchen, das jetzige Bild ist ein winziges Tal, ein mit Gras bewachsenes, besonntes Tal, in dem die Straße nur eine Kurve lang Zeit hat, sich auf dem Hang wieder gerade zu machen, eine verkürzte, poetische, sattgrüne, sentimentale Landschaft. Dort, in diesem Zuviel von Grün, habt ihr Schweigen bewahrt, eure Spaziergänge sind schweigsam, und was euch nicht zur Freude gereicht, wenn eure Begleiterin schweigsam zu gehen weiß, ohne etwas von dem Spaziergang zu erwarten, und vor allem ohne ein weiteres Wort. Sie und ihr also, ausgangs der Kurve trefft ihr auf das gesprenkelte Rot, das sich seinerseits fixiert, gebremst im Grün. Ein Damhirsch. Auf der Stelle reglos. Still steht ihr. Geduckt zudem. Das Rot im Grün eines Frühlings wie das Rot im Braun jenes Winters; das Rot eines Wintervogels und das Rot eines Damhirschs, eines Sommers im Quercy. Das erste, das Rot der Erinnerung, Rot des Hirschtiers, anekdotisch, anrührend; das zweite, Rot des Rotkehlchens, dort. Das erste künstlich; das zweite natürlich. Überdies erfahrt ihr, dass der Hirsch einige Tage vor seinem Erscheinen aus einer benachbarten

Zucht entwichen ist. Der Damhirsch, industriell; das Rotkehlchen, natürlich. Dieses Aufeinandertreffen, ihr habt es schon am selben Tag gesagt, war Theater! Fernsehreife Tierdramatik mit verteilten Rollen: das Grün, das Rot, sie und ihr, eingeduckt, der Hirsch erstarrt, versteinert wie vom Blick der Medusa – diesmal seid ihr beide das Gorgonenhaupt. Es gibt nur noch die Vögel. Ein Wintervogel, um euch da herauszubringen, um euch herauszuziehen, aus dem Winter, aus der Dunkelheit, aus der Kälte. Die Vögel, und insbesondere der Wintervogel, fast alle Vögel sind *nicht* gekünstelt. Die Natur: die Vögel. Ich höre, verstehe sie gut, die Vögel, und nicht, was die Leute von den Vögeln sagen, und, alles in allem, was ich meinerseits von den Vögeln sage. Was sagen sie von den Vögeln, was sage ich von den Vögeln, wenn ich das eingegangene Risiko, die Abtrift nicht genau ermesse? Sie sagen von den Vögeln, und immer vom Wintervogel, vom Rotkehlchen: »die kleinen Vögel«. Sie schreiben auch: »l'Oiseau« (Der Vogel); »l'Aile« (Der Flügel), ganz klar; und ferner »le Chant« (Der Gesang). Die Leimrute der einen in die poetische Bonbonschachtel getaucht, die Lockpfeife der anderen von einer germanischen Majuskel rhythmisiert, germanisch und daher durchdringend, haben sie allen Grund zu glauben, versichern sie! Ja, wenn ihr nicht aufpasst, wird der Damhirsch, sommers im Quercy, zu dokumentarischem Quark; das Rotkehlchen im Winter, in Gärten und Grünanlagen, im Unterholz und Parks, zu radiophonischem Getue. Aber das Rottier war aus einer Zucht entwichen, verirrt im Grün, als ihr es auf zwanzig Schritt fixiert habt. Am selben Tag habt ihr sie darauf hingewiesen, dass die Erscheinung unentschuldbar war, eine Provokation. Sie hat euch gefragt, was ihr sagen wolltet. Das Rotkehlchen, die Vögel im Allgemeinen, erscheinen nicht. Wenn ich hören will, oder besser noch, wenn ich überhaupt nichts hören will, wenn ich mich zu entfernen wünsche, wie sich der Vogel im Mai zurückgezogen hat, werde ich die poetischen Gefahren vermeiden. Die poetische Abtrift, die philosophische Abtrift, die dramatische Abtrift, die literarische Abtrift, dass ein Wintervogel euch im Platzregen überrascht, das kündigt er euch an. Hör zu! Hör mir zu, höre, was ich tue, sieh, was das Rot im schwarzen Schatten der Eichen tut. Und ich höre ihm zu, ich sehe ihn, an den Haaren gezogen komme ich aus dem Winter heraus. Die Natur ist roh, sie macht nicht halt, sie fixiert euch nicht mit Schmachtaugen. Die Natur, der Vogel also, und zum Beispiel das Rotkehlchen, die Natur verroht euch schonungslos: ihr geht dahin, sie packt euch jählings, sie springt auf euch und schnappt euch, sie beißt euch. Daher sind eure Spaziergänge erschöpfend. Ihr beurteilt den Erfolg eurer Spaziergänge am Grad eurer Erschöpfung: je zerschlagener ich bin, wiederholt ihr euch, umso mehr kommt mein Spaziergang dem Ideal des Spaziergangs nahe. In manchen Jahren, an manchen Tagen, am häufigsten im Winter, ist der Gesang des Rotkehlchens besonders schmerzlich. Ihr geht unterm Platzregen, das Rotkehlchen packt euch und piesackt euch und lässt euch keuchend zurück. Hör zu, hör doch zu! Und ihr verzieht euch, ohne einen Pieps zu tun ...

Aber diesmal lässt euch die Bibliothek, in die ihr euch flüchtet, die Bibliothek, eure einzige Zuflucht nebst dem Schlaf, dem Stumpfsinn des Schlafs, lassen die Bücher eurer Bibliothek, jene zumindest, die ihr zu Rate zieht, wenn der Vogel, diesmal der Wintervogel, euch bedroht, ja, euch bedroht, lassen euer Buffon, euer Plinius (der Ältere), euer Aristoteles, euch hängen. So bleibt ihr stumm, baff, im Stich gelassen von eurem Buffon, eurem Plinius, eurem Aristoteles. Das ist unmöglich, es muss doch irgend etwas geben, ein Wort, einen Satz, etwas zu meinem Schutz, etwas, um ihm eins auszuwischen, sagt ihr euch, und fieberhaft seht ihr die Wortregister durch, die Anmerkungen, die »ex auctoribus« eures Buffon, eures Plinius, eures Aristoteles. Nichts. Verblödet. Völlig entblößt. Das Rotkehlchen, der Wintervogel, na und? Plinius nichts. Aristoteles nichts. Buffon nichts. Behauptet nicht, Buffon hätte nichts notiert. Schreibt, was Buffon notiert. »Dieser kleine Vogel ...« Tatsächlich. »Kleiner Vogel« macht die Sache nicht besser, seien wir still und stellen wir unseren Plinius, unseren Aristoteles, unsren Buffon ins Regal zurück. Ein einziges Mal allein, ein Wintervogel und ich, Aug in Auge. Was er mir vor einer Stunde wiederholte, als er mich überrascht hat, als er mich festgenagelt hat zwischen zwei Regengüssen. Was er mir im Frühling sagte, höre, ich verlasse dich, ich suche wieder meine Wälder auf, meine Dickichte. Ich ziehe mich zurück, ich entfliehe, hör mir zu, höre, was dir der Wintervogel im Frühling sagt. Aber ich hörte ihm nicht mehr zu, ich fand seinen Gesang weniger *interessant.* Die Amsel, dann der Pirol, die Nachtigall erhielten meinen Beifall. Selbst die hörte ich nicht mehr, da ich mich geweigert hatte, dem Wintervogel zu folgen, dem Rotkehlchen, das mir die Stelle entdeckte, die Stellung, die Haltung, die mir Ernüchterung erlaubt hätte. Berauscht, gewiss, sturzbesoffen, baff, ertrunken im Grün und im »Gesang der Sperlinge«, Ornithologe du! Ornithologe!! Die Amsel, die Nachtigall, der Pirol ohne das Rotkehlchen, ohne den Wintervogel, alberne Trunkenheit; mit ihm, Aug in Auge. Der Spaziergänger ohne Wintervogel, blind und stumm; mit ihm, völlig durchsichtig. Ohne ihn, Schwätzer; mit ihm, stumm. Auch Plinius, Aristoteles und Buffon: stumm. Ihr glaubt zu spazieren, aber spaziert nicht. Ihr geht und geht doch nicht, ihr seht weder noch hört ihr, was ist. Anstatt zu denken, spielt ihr mit den Sätzen herum, die euch im Weg sind. Anstatt euer Talent auszuüben, das darin besteht zu sehen und zu hören wie ein Tier, wie ein wildes Tier, wie ein Vogel, verwirrt ihr euer Auge, verwirrt ihr euer Trommelfell, spielt ihr herum, spielt ihr einmal mehr mit dem herum, was euch nie in den Sinn *gekommen* ist, ihr spielt mit dem herum, was auf die Dauer ist. Und ihr friert ein. Was dauernd ist, im Mund, im Kopf, anderswo, gleich wo, was dort fortdauert, wenn alles schweigt, lässt euch einfrieren. Ihr denkt, ich bin nicht genügend zugedeckt, aber es ist euer Auge, das einfriert, euer Trommelfell. Es ist gar nicht so kalt, sagt sie. Ihr schwatzt, aber das wärmt euch nicht wieder auf, ihr schaut den Kindern beim Laufen zu, ihr werft eine Kastanie, hebt einen Kieselstein auf, den ihr ihnen zeigt, aber ihr habt auch immer kalt, das unaufhörliche Herumspielen eures Hirns verbietet euch, zu hoffen. Sonntagsspaziergang, ihr sagt das ihr.

Μεταβάλλουσι (...)

Was ihr gehört habt, was euren Spaziergang gerettet hat, ein Murmeln. Eine fremde Sprache, eine tote Sprache, der Gesang eines unpassenden Vogels, seine Rückkehr zu euch, an diesem Winterbeginn. Das Rotkehlchen, ihr habt es gehört. Der Wintervogel hat sich hören lassen. Die Röte in der Dunkelheit hat sich entdeckt. Hör zu, hat der Vogel gesagt, und ihr habt ihm zugehört. »Die Rotkehlchen und Rotschwänzchen genannten Vögel verwandeln sich ineinander. Sie unterscheiden sich durch nichts anderes, kann man sagen, als einzig und allein durch ihre Farbe.« Der Wintervogel öffnet euch die Bücher, weist euch die Seite, hör zu, jener, wie sagst du, Aristoteles? Ja, suche gut, ich habe es dir gesagt, ich wiederhole mich, siehst du.

Was will der Spaziergänger wissen? Der Spaziergänger will nichts wissen, will nichts von dem wissen, was die Leute heute wissen, vom Rotkehlchen, vom Wintervogel, von den Vögeln. Was lernt ihr vom Spaziergänger? Ihr lernt nichts, was man heute wissen muss, vom Rotkehlchen, vom Winter. Nichts als das, dass der Winter naht, dass ich das Rotkehlchen höre; ὁ ἐρίΘαχος Χειμερινόν, οἱ φοΙνίχουροΙ θερΙνοί (Aristoteles) erithacus hieme, phœnicurus æstate (Plinius); das Rotkehlchen, der Winter, das Rotschwänzchen, der Sommer. Ich höre das Rotkehlchen, der Winter naht. Deshalb friert mich so.

Was gibt es zwischen Dämmerung und Morgenrot, zwischen Morgenrot und Dämmerung? Das Rot im Braun des Wintervogels: eine Morgenröte? Eine Dämmerung? Heute ist die Vergangenheit des Morgen, morgen ist die Zukunft des Gestern. Das Rot im Braun des Wintervogels: eine Dämmerung gestern, statt einer Morgenröte morgen? Oder vergangene Morgenröte einer Dämmerung? Das Rotkehlchen ist wie früher wiedergekehrt und hat an die Fensterscheibe unserer Küche geklopft. Na los! Siehst du nicht? Es ist Winter! Mich friert, mich hungert! Willst du mir zuhören? Gib mir Futter, öffne das Fenster, damit ich mich auf deinem Lesepult wärmen kann. Alle sind fort … Fast alle, zugegeben, aber wer singt? Wer? Wer hält dir einen Frühling bei der Hand, zeigt dir, dass der Winter das Los des Aprils ist, wie das Holzscheit das Los des Feuers ist? Wer bringt dich davon ab, in der Nacht zu versinken, übt dich in Geduld, lässt dich ahnen, dass sich das Morgenrot mit der Dämmerung mischt? Der Vogel setzt sich, geschwätzig wie immer. Ihr hört ihm zu, ihr könnt nicht umhin, ihm zuzuhören. Jeden Morgen, jeden Abend setzt der Verfechter der Tomatensonnen seine Lektion fort, der ihr zuhört, der zuzuhören ihr nicht umhin könnt. Bald kennt ihr sie in- und auswendig. Die Tage vergehen. Die Tage vergehen, und ihr entdeckt eines Abends, dass der Gesang eures Gasts nicht ohne Schwermut ist. Ihr habt euch noch keine Meinung darüber gebildet, ihr hört ihm höchstens ein bisschen weniger aufmerksam zu, aus Angst, dass die Ahnung von Traurigkeit, die ihr bei eurem Freund zu entdecken geglaubt habt, auf euch übergreift, euch endgültig in den Zustand stürzt, in dem er euch angetroffen hatte. Die Tage vergehen, jeden Abend, jeden Morgen ermattet euch das Rotkehlchen, drängt euch seine sinkenden Sonnen auf, seine vereisten Morgenröten. Gelegentlich befällt euch Zweifel, der bekümmerte Ton, den ihr bemerkt habt, erscheint euch als ein Bedauern, als Trauer vielleicht, von der es euch nichts gesagt hat, ein Geheimnis, das eure Gastfreundschaft nicht verdient. Offen gestanden versteht ihr nicht viel von dem Kauderwelsch, das es von Zeit zu Zeit piept, eher am Morgen oder gegen Abend, wenn es sich auf euren Schreibtisch gesetzt hat. Zwischen Morgenröte und Dämmerung gibt es dennoch den Tag, sagt ihr euch – aber es ist eine Amsel, die euch diese unglaubliche Tröstung eingeflüstert hat; zwischen Dämmerung und Morgenröte gibt es die Nacht, sagt ihr euch – diesmal hat euch die Amsel nichts gesungen, diesmal seid ihr, ganz einfach, nicht mehr so dumm, denkt ihr. Du hörst? fragt ihr sie etwas später. Ja, sagt sie, das ist eine Amsel, nicht wahr? Tatsächlich eine Amsel. Das ist ein Vogel, der sich nicht wiederholt, fügt ihr hinzu, *interessanter* alles in allem als das Rotkehlchen, findest du nicht? Du sagst das Jahr für Jahr, erwidert sie, und: ich habe, glaube ich, Krokusse gesehen, gestern, da drüben. Schauen wir nach.

SCHWARZ, DAS SITZT

Cornix ist nicht corvus, da kommt man nicht drum herum. Cornix, -icis: die Krähe. Cornicum oculos configere: den Krähen ins Auge stechen, ins Auge springen, die Hellsichtigsten täuschen. Cornici oculum, ut dicitur: den täuschen, der geschickter ist als man selbst, wie es heißt. Cornicæ divæ: die heiligen Krähen, der Juno geweiht. Κορώνη: im Griechischen ebenso das Horn wie das Gehörnte, das Gekrümmte. Κορωνός, χορωνίς: das Ende, der gekrümmte Strich, an den Ausgang eines Textes gesetzt. Από τής άρχής μέχρI τής χορωνίδος: Von Anfang bis Ende, bis zum gekrümmten Strich: ΚορωνIατής: Gaukler sammelten mit einer Krähe auf der Faust ihr Geld ein. Der griechische Rabe: χόραζ. Lautmalerei, betont Nodier, der bei »croassement« [*Krächzen*] das deutsche Wort »Rabe« notiert, das englische »raven«, die bedeutungslos seien (sagt er), da sie das initiale »c/k« weggelassen hätten.

Cornix, Plinius der Ältere, 30, 32, 38, III, 124, 165, 203, 204.

Hass zwischen Wiesel und Krähe, zwischen Krähen und Eule. Während der Brutzeit des Weibchens füttert das Krähenmännchen dieses (von Aristoteles angesprochen 6, VIII, 564 a). Heute noch, in Rom, just in dem Augenblick, da ich dies schreibe, besitzt ein römischer Ritter eine aus Baetica stammende Krähe, die zuvörderst durch ihre absolut schwarze Farbe (die Lateiner hatten es wohl häufig mit unserer Nebelkrähe zu tun) merkwürdig ist, im Weiteren, weil sie zu Sätzen zusammengesetzte Wörter spricht und weil sie täglich neue lernt. Was sich übersetzt: »Nunc quoque erat in urbe Roma, hæc prodente me, equitis Romani cornix e Baetica primum colore mira admotum nigro, dein plura contexta verba exprimens et alia atque alia crebro addiscens.« Sogar heute, da ich dies berichte, gab es in der Stadt Rom eine Krähe aus Baetica (Spanien), die einem römischen

Ritter gehört und zuvörderst durch ihre tiefschwarze Farbe erstaunlich ist, des Weiteren, weil sie eine große Zahl miteinander verbundener, gut zusammengesetzter Wörter spricht, denen sie noch weitere in Hülle und Fülle hinzufügt. Zu jenen Zeiten gab es in der Stadt Rom, just in dem Augenblick, da ich euch dies berichte, bei einem römischen Ritter eine Krähe aus Baetica, die zuvörderst erstaunlich war wegen der Tatsache ihrer pechschwarzen Farbe, des Weiteren wegen der Tatsache, dass sie zahlreiche, gut zusammengesetzte Wörter sprach und weitere und noch weitere in Hülle und Fülle, die sie sich aneignete. Zu jenen Zeiten gab es in der Stadt Rom, just in dem Augenblick, da ich euch dies berichte, bei einem römischen Ritter eine Krähe aus Baetica, die zuvörderst durch ihre kohlrabenschwarze Farbe erstaunlich war, und die zudem eine große Zahl gut zusammengesetzter Wörter sprach, und sich weitere und noch weitere aneignete in Hülle und Fülle.

Manche Leute gehen wie die Krähen. Die Krähe kommt mit dem Schwanz zuerst aus dem Ei.

Die Krähe ist einer der wenigen Vögel mit gekrümmten Krallen, die ihr Junges oder ihre Jungen noch eine Zeit lang füttern, nachdem diese das Nest verlassen haben und fliegen können. In der letzten Woche, hæc prodente me, krächzt am Platz der Republik ein Krähenpärchen sich die Lungen aus dem Leib. Der Rhythmus der Rufe, der Furor, die Wirrnis der Sprünge, das wahnwitzige Flattern von einer Platane zur anderen, dieses ganze Durcheinander lässt mich stocken. Da hocken sie jetzt etwas tiefer und hacken kräftig mit mächtigen, gewagten und fieberhaften Schnabelhieben auf die Rinde der Äste. Plinius? Aristoteles? Alles schon gelesen, ausgehungerte Krähen, die nach Atzung verlangen, kein Grund zu verweilen. Sobald ich über die Ecke des Platzes hinaus bin, kommt, gewiss, um mich eines Besseren zu belehren, aus der Ligusterhecke eine Jungkrähe, völlig unbeholfen mit ihren noch allzu linkischen Flügeln. Ich gehe auf sie zu, beuge mich herab und hebe sie auf. Ihre Eltern fliegen sogleich auf mich zu. Trotz ihrer Verwünschungen nehme ich sie nach Hause mit. Ich setze sie auf den kleinen Küchenbalkon. Ich stopfe ihr ein kleines, mit Milch getränktes Stück Brot in den Schnabel, das sie wieder ausspuckt. Eine halbe Stunde später hat sie sich erholt, klettert auf das Geländer. Und noch eine halbe Stunde vergeht. Sie nähert sich der Wand, nimmt den Wohnzimmerbalkon ins Visier, verfehlt ihn und findet sich auf dem Gehsteig gegenüber wieder, fünfzig Meter vom Haus entfernt. Mach's gut!

Im Unterschied zu Buchfink, Amsel oder Nachtigall hat die Krähe anscheinend Schwierigkeiten, sich auszudrücken. In der Tat: ihre Vorbereitungen, ihr Atemholen und dann schließlich ihr ganzer, nach vorn geworfener Körper wie beim Kotzen einer Katze. Und warum diese Anstalten? Kra. Die Krähe singt nun wirklich nicht. Und schreit auch nicht. Dieses ihr Krähen besagt nichts oder besagt allenfalls, dass sie Kra sagt, was jedes x-beliebige Ohr hört, obwohl sie es nicht sagt. Die Krähe ist ein Vogel, der sich mit seinen Rufen zurückhält; wie die Raubvögel, mit denen sie die fleischfressenden Neigungen teilt, ist sie kein singender, sondern ein tanzender Vogel, und ihr Schweigen ist durchaus Missbilligung des Federviehs, das beim geringsten Sonnenstrahl Oden und Lieder zu piepsen beginnt. Grausam, bitter, schwarz, schrill: die Stellung der Krähe verdeutlicht sich. Der Entschluss, nicht zu singen, spricht doch von einer gewissen Intelligenz.

Ja ja, sagt mir, dass ich Krähen begaffe, wie ich Maulaffen feilhalte, *que je baye aux corneilles,* dass ich meine Zeit verspiele mit Flausen im Kopf, mit offenem Mund, sperrangelweit, erinnert euch: *bayer, baer, baier, béer,* von lateinisch *batare*: begehren, begierig betrachten, was man erwünscht [und denkt, deutsche Leser, an *gaffen, gapen*: »den Mund aufmachen, gähnen, gaffen, klaffen« und an *gap*: »gähnende Öffnung, Schrei, Ruf«]. *Bayer aux corneilles,* die Krähen begaffen wie Maulaffen feilhalten, der ewige Vorwurf an den, der sich nicht mit dem ihm auferlegten Leben begnügt und der gewiss früher oder später anfängt, scheel auf die Krähen zu sehen. Und warum, werter Herr, ausgerechnet die Krähen? Wegen der Alliteration? Aber sicher. Wer Krähen begafft und Maulaffen feilhält, interessiert sich für Stabreimerei, weil er sich für Krähen und Maulaffen interessiert, dort, wo er ist, versunken in Alliterationen. Der Stabreim der Krähen. Seht ihr, die Krähe erhellt sich hier. Man braucht sich nicht mit der Farbe zu begnügen, sich nicht durch die Augen lenken zu lassen und durch das, was sie verdecken, was sie nicht sehen. Denn nicht die Augen sehen, sondern die Rede, in die sie aufgenommen sind, tut dies. Die Munterkeit der Krähen. Die Krähen begaffen, Maulaffen feilhalten heißt: sich die Augen putzen. Das heißt: das Netz, das Garn, die Maschen, den Faden, das Schwatzen des Sehens sehen, sehen, wie es sich verwandelt, sehen, wie das Schwarz der Krähe die Trauerkleidung ablegt, die Angst, den Tod, die Grausamkeit, die Traurigkeit, sehen, wie das Schwarz der Sonne entgegenspringt, der Lebensfreude, der Lust am Rundtanz.

Aber warum von der Krähe sprechen, wenn es mich doch erschreckt, die Augen auf ein Tier zu öffnen. Seht, was ihr seid, seht, was ihr sein könnt. Und wenn wir schon einmal dabei sind: Seht, was ihr nicht seid, seht, wie die Tiere sind, dass das Tier ist. Es gibt keine Süße [*douceur*] des Seins. Es gibt bei ihm nur Schmerz [*douleur*], Schwärze, die sitzt, die ihm wie angegossen passt. Euch gibt es nicht, denn ihr leidet nicht daran, und euer Leiden ist nur umso schrecklicher. Der Schrank will schließlich sprechen Ponge, aber nein, es ist immer der Mensch, der spricht, es ist schließlich der Mensch, der spricht. Es besteht kein Grund, zur Natur zurückzukehren, es besteht Grund, doch ein für alle Mal [*une bonne fois*] dorthin zu gehen. Faune, ihr habt ausgedient: Der Dichter will sich jetzt mit dem Baum unterhalten Renard.

Ich habe die Aufmerksamkeit in andere Bahnen gelenkt. Die Krähen sind in die Sonne des Sommers entflohen, die uns unangekündigt widerfährt (aber er, was wird er in seinen Händen halten?). Schwierig, den Vogel zu packen, aufs Papier zu spannen. Ein weiterer Mord in Sicht. In La Roussille waren ihre Kadaver in der Nähe der Kornsilos aufgehängt; sollten in den Büschen eines Dickichts baumeln, sollten abschrecken, aber wen, aber was? Die Krähe ist ein undurchsichtiger Vogel. Werde ich genügend Geduld haben? Die braucht es wohl. Da kommt man nicht drum herum. Na ja, ich habe außerdem Zeit genug. Früher machte man manchmal Suppe aus Jungkrähen. Sie mussten lange kochen, und die Brühe schmeckte unangenehm bitter ... Bleiben wir für den Augenblick auf der Lauer.

Krähe, das Schwarz passt ihr wie angegossen, wie auf den Leib geschrieben. Andere Dinge bleiben im Verborgenen, um abzuhängen: Ballett der Krähen, eines Sommers zu Marigné; Rundtänze und Sturzflüge, diesmal im Frühling; morgens und abends Hin- und Herfliegen in Gesellschaft der Dohlen von Brassac; die Rabenkolonie von Louches, aber dort handelte es sich um Saatkrähen. Ich muss diesen Mischmasch vermeiden, ich muss diesem »Raben« den Laufpass geben, so wie man »die Leute« sagt. Die Krähe, mein bevorzugter Rabenvogel, hat die Aussicht, ein großer Rabe zu werden. Die Saatkrähen, Trubel der Truppen und Aushebungen. Die Dohlen, zu pfäffisch, ihr exotisches Wesen, von ihren Schreien unterstützt, und dann immer diese Steilwände ... Der große Rabe, einsam, Gebirgler, fast ein Raubvogel. Die Krähe ist auf meinem Niveau: kleine Gruppen, kleine grausame und lustige Gemeinschaften. Das Femininum, ja ja, das Femininum, aha aha.

Die Krähe soll mir eine Berechtigung zu schreiben finden. Soll sie sehen, wie sie das schafft. Wenn mir die Krähe keine Berechtigung findet, »Cornix« zu schreiben, werde ich es nicht schreiben. Umso schlimmer für sie. »Rundtänze und Sturzflüge«, das ist ungenügend, ungenügend motivierend. An die Arbeit, ihr Mädchen! Das ist kein Zuckerschlecken! Was man den Krähen sagt, wenn sie es euch fragen, wenn sie euch dazu zwingen ...

Eine Geste besteht darin, den Vogel aufs Papier zu werfen, eine weitere Geste bestünde darin, den Leser in den Himmel zu werfen. In den Himmel! Parbleu! Wie roh! Das ist doch gerade das Vergnügen, das wahre Vergnügen, den Menschen in den Himmel zu werfen! Den Vögeln, Wolken, und dem Wind auf Gedeih und Verderb überlassen! Die Spatzen kacken ihm ins Haar; die Pfeiferiche, über sein Ohr geneigt, schreien sich heiser und zerreißen ihm das Trommelfell; die am besten Bewaffneten reißen ihm die Augen aus. Die Buchseite wird in diesem Fall offen sein wie eine Landschaft, die Sätze gespannt wie Katapulte ...

Der Ornithologe erklärt dem Menschen den Vogel, ich erkläre den Vögeln den Menschen. Das ist ganz einfach, denn es handelt sich nur darum, sich mitten am Himmel den Star stechen zu lassen, es genügt, ein wenig Schwung zu nehmen.

Der Flug der Krähen, zum Beispiel, mit Flügelspitzengefühl, wie im Schlaf. Ein wenig schlaff, gleichsam schläfrig, rudern sie gegen den Strom. Unter der Watte der Cumuli, im Azur, ein schwarz gezuckerter Himmel, die Luft um die Krähen ist zähflüssig. Möge es regnen, der Sirup herabtropfen. Auf dem grünen Gras Reflexe von Gendarm, Gerichtsvollzieher, Küster, bis zu dem Tag, da ich die Krähen rötlich schimmern sah wie Pirole. Sie sind herrisch dann, Gebieter über ihre Lande, weit mehr noch als der Bussard, den sie jagen, und wie! Sie sind jähzornig und tyrannisch, daher ihre Reaktionen, wenn das Unvorhergesehene sie anfällt: Das Junge ist aus dem Nest gerutscht? Unglaublich, wie konnte das passieren? Das ist doch schlichtweg lächerlich! Und dieser Mann da, er wird ihm doch wohl nicht nachsetzen?! Sich über es beugen! Es in die Hände nehmen! Die Hände, pfui Teufel! Es wegtragen?! Wirklich, das alles ist ganz und gar ekelhaft!

In praller Sonne auf der Lauer, in praller Julisonne: Der Schlaf entrückt ihn. Was habe ich gesagt, was habe ich geschrieben. Die Krähe ist schwarz? Ihr rauer und melancholischer Schrei soll abends am Ausgang eines Waldes erschreckend sein und morgens in einer Gasse, wo menschlicher Abschaum herumlungert, nervtötend? Die Krähe ist ein Unglücksvogel, sagt ihr. Na gut, aber da komme ich, hoppla, hier komm' ich und werde genau das Gegenteil sagen. Schlichtweg das Gegenteil. Meine Argumente, meine lateinischen und griechischen Argumente werden gutes Maß geben. Der Vogel selbst wird sich keinen Daumenbreit bewegt, wird kein Wort gesagt haben. Kein verflixtes Wort. Er wird mich umgesetzt, versetzt haben. Die Krähe: ein kleiner Schritt zur Seite. Ich bin nicht beunruhigt. Ich habe schon andere gelesen. Auch sie umgesetzt, versetzt: ich ich ich ich! Künstler! Ihre Krähe hatte sich nicht bewegt, umso schlimmer für sie, sie brauchten nur einen Schritt.

Meine Krähen ziehen, fernab, in Gruppen von ungeraden Zahlen vorüber, lassen sich auf den Dächern nieder, schieben mich lautlos, ohne Verachtung, beiseite, erreichen höhere Terrassen, wenn mein Blick beharrlich bleibt. Was habe ich gesagt, was habe ich geschrieben? Ich habe nichts geschrieben, ehrlich, ich habe nichts damit zu tun, ich habe nichts mehr damit zu tun. Manchmal zögern die Jüngsten ein wenig. In irgendeiner Falle gefangen, lassen sie mich dabei zusehen, wie sie an ihren Ärmeln ziehen, mit einer schwierig zu beschreibenden Geste, als ob das allzu neue Kleidungsstück sie an den Ärmelausschnitten beengte. Ich habe nichts damit zu tun, ich habe nichts mehr damit zu tun, kommt wieder Krähen! Krähen!

Aus dem Französischen von Rainer G. Schmidt.

DAS BUCH DER OPRITSCHNIKS

Vladimir Sorokin & Yaroslav Schwarzstein

CICONIA CICONIA

CICONIA-X-CICONIA.NET

PETER TRAWNY, geboren 1964 in Gelsenkirchen, ist Professor für Philosophie und Leiter des Martin Heidegger Instituts an der Bergischen Universität Wuppertal. Wichtigste Publikationen: *Medium und Revolution* (2011), *Ins Wasser geschrieben. Versuche über die Intimität* (2013), *Technik.Kapital.Medium. Das Universale und die Freiheit* (2015), *Heidegger und der Mythos der jüdischen Weltverschwörung* (3. Aufl. 2015), *Heidegger-Fragmente. Eine philosophische Biographie* (2018).

PETER TRAWNY

Der Verlust der Kette. Anmerkungen zur Apokalypse

»... inmitten dieser sonnenatmenden Erde«[1]

JOHN HENRY MACKAY

Zwischen mir und der Natur klafft eine Lücke, ein leerer Raum, der nicht zum Raum gehört. Etwas fehlt, der Raum war einmal besetzt. Die Lücke ist das Zeichen eines Verlusts, von dem ich nicht weiß, wann er sich ereignete. Wahrscheinlich ereignete er sich nie. Wie wäre es, die Perspektive zu wechseln und zu fragen, welche Folgen dieser unvordenkliche Verlust haben wird.

Lücke – als würde ein Glied in einer Kette fehlen. Im Jahr 1723 erscheint ein anonym verfasstes Buch mit dem Titel *Homers goldene Kette* (*Aurea catena Homeri*).[2] Am Beginn des achten Gesangs der *Ilias* nämlich ist von einer Art Tauziehen zwischen Zeus und den anderen Göttern die Rede. Zeus lässt eine goldene Kette vom Himmel herabhängen und behauptet, bei einem etwaigen Wettkampf mit den Göttern diese mitsamt der Erde und des Meeres in den Himmel ziehen zu können.

Der Inhalt des seltsamen Buchs ist eine Kosmogonie. Gott schafft aus dem Nichts Himmel und Erde. Dabei verändert sich das Nichts zu einer Art von Dampf, das zu Wasser wird. Wasser ist Ursubstanz. Daneben ist eine geistige Kraft tätig. Aus dem Wasser-Chaos scheidet sich das Flüchtige und das Feste zu Saurem und Alkalischem, zu Feuer oder Himmel, Luft, Wasser und Erde, den vier Elementen. Diese können einen Universalsamen in dauernder Erneuerung entstehen lassen. Er wird Spiritus mundi genannt, ist in Tau und Regen, schafft animalische und vegetabilische Organismen sowie Mineralien.

In dieser durchgängigen, das heißt kettenartigen, Schöpfung kann sich alles in alles verwandeln, selbst Transmutationen von Mensch zu Ochse oder von Ochse zu Mensch sind möglich.[3] Die Verwandlungen bilden eine Ordnung: Aus Mineralischem wird Vegetabilisches, aus diesem Animalisches und dann geht's wieder zurück. Die Schöpfungskette bildet eine derart starke Einheit, dass die Übergänge zwischen den Lebewesen fließend werden. Es sei »die Natur selbst«, die die Verwandlungen verrichte und »also keinen Zweifel in transmutatione unius in alterum« zulasse[4] – bizarre Darstellung dessen, was wir den »Kreislauf der Natur« nennen (vgl. den Anfang von Walt Disneys *The Lion King*).

*

Das Buch hat offenbar den jungen Goethe beeindruckt. Der dichtet 1798 in *Metamorphose der Pflanzen*:

Und hier schließt die Natur den Ring der ewigen Kräfte;
Doch ein neuer sogleich fasset den vorigen an,
Daß die Kette sich fort durch alle Zeiten verlänge,
Und das Ganze belebt, so wie das Einzelne, sei.[5]

Der Dichter ist vom Gedanken fasziniert, dass die Natur ein lückenloser Kausal-Zusammenhang ist. Jeder Ursache folgt seit und in Ewigkeit die entsprechende Wirkung. Auch der Mensch, sein Denken und Handeln, ist Moment dieses lückenlosen Kausal-Zusammenhangs. In solcher Einheit zeige sich die »heilige Liebe«, in der sich die Menschen nicht nur mit sich, sondern auch mit der Natur verbinden.

Goethe hatte Spinoza gelesen. Der hatte in einer frühen Schrift davon gesprochen, dass »der Mensch als ein Teil der gesamten Natur, von der er abhängt und von der er auch regiert« werde, »aus sich selbst nichts zu seinem Heil und Glück tun« könne. Vielmehr seien »wir in Wahrheit Diener, ja Sklaven Gottes« und es sei »unsre größte Vollkommenheit«, »es notwendig zu sein«.[6] Gott ist die Natur, die Natur ist Gott.

Für Goethe und Spinoza ist das größte Glück des Menschen, in der Einheit der Natur dem kausalen Gang der Dinge folgen zu müssen, so wie es den Pflanzen und Tieren von der Natur aufgegeben ist; eine anthropomorphe und daher trügerische Sprechweise, die der von Goethe und anderen Dichtern folgt. Nüchterner gesagt: Pflanzen und Tiere verhalten sich *in* der Natur; der Mensch verhält sich *in* der Natur *zu* ihr.

Die Idee, ich wäre Moment einer mich umgreifenden und tragenden Natur, wie Steine, Pflanzen, Tiere Natur-Momente sind, soll mich zu einem Ding unter Dingen machen. Wenn alle Erscheinungen in der Welt Dinge einer einheitlichen Ursache-Wirkungs-Kette sind, dann ist es zwar nicht überflüssig, aber doch nachrangig, sich über die verschiedenen Motive der Bewegungen dieser Dinge Rechenschaft abzulegen. Alles »handelt«, geschieht in einer alles vereinheitlichenden Sphäre; als wäre diese Sphäre selbst ein sich in seinen Teilen fühlendes Lebewesen. An dieser Idee schließt Margulis und Lovelocks sogenannte »Gaia-Hypothese« an.[7]

Die Goldene Kette der Natur erweist alle Lebewesen als Momente einer vollkommenen Einheit, eines perfekten Ereignisses, das wir Natur nennen. In ihr folgt alles einem intrinsischen Gesetz, nichts bricht aus ihr und sich heraus. Alles bleibt in sich, bei sich, zu sich. Die Kette ist wie eine Nabelschnur, die uns mit der *Großen Mutter* verbindet; alles fließt uns zu, durch uns hindurch, müheloses Leben in völliger Genügsamkeit.

*

Die Metapher der Kette der Natur fand im 18. Jahrhundert weite Verbreitung. Herder spricht voller Begeisterung von einer »Erdkette«[8] und meint dabei den unzerstörbaren Verlauf von Ursache und Wirkung in einer all-einen Natur. Man wünscht sich in Ketten, um sich von der erschreckenden Vorstellung eines sich partikularisierenden, atomisierten Zustands zu schützen. Man will den Großen Zusammenhang, das Ganze, das System – Natur, die von Gott bewohnt wird, in der alles seinen Zweck erfüllt. Manche, wie Alexander von Humboldt, versuchten dieser im System sublimierten Super-Mutter in den Kolonien Lateinamerikas näher zu kommen. Sein *Kosmos. Entwurf einer physischen Weltbeschreibung* schon Mitte des 19. Jahrhunderts ist ein Echo dieses Versuchs.

Doch die Lücke ist da, ein Glied der goldenen Kette fehlt – und bringt mich, ein Selbst, hervor. Das fehlende Glied der Kette, die durchgeschnittene Nabelschnur, hat mich von der

1 Diese Topografie stammt aus Mackays Gedicht *Morgen*. Mackay war ein Dichter und Schriftsteller, der zeitweise unter dem Einfluss von Henry David Thoreau stand. Das Gedicht wurde 1894 von Richard Strauss vertont. Ich empfehle, sich das Lied in der Interpretation von Fritz Wunderlich anzuhören.

2 *Aurea catena homeri. Oder: Eine Beschreibung Von dem Ursprung Der Natur und natürlichen Dinge, Wie und woraus sie geboren und gezeuget, auch wie sie in ihr uranfänglich Wesen zerstöret werden, auch was das Ding sey, welches alles gebäret und wieder zerstöret, nach der Natur selbst eigener Anleitung und Ordnung auf das einfältigste gezeiget, und mit seinen schönsten rationibus und Ursachen überall illustriert.* Franckfurt und Leipzig. Verlegts Johan Georg Böhme. Im Jahr 1723. Das Werk kursierte vorher in Abschriften.

3 »Wie aber ein Ochse zu einem Menschen werde, so essen wir ja täglich Rindfleisch, und verändern es in unsere menschliche Substanz, als daß der ganze Ochse seine specificationem bovinam in uns ableget, und völlig in substantiam humanam transmutirt, ohne die geringste Spur de bove participirend. Denn so der Ochse in uns ein Ochse bleibe, und seine Gestalt nicht ablegte, so müßten wir Menschen durch das stetige Rindfleisch-essen zu lauter Ochsen werden: und also gehet es mit andern transmutationibus auch. Soll auch der Mensch zum Ochsen werden, so muß der Mensch in der Erde verfaulen, und zu einem Kraut werden, solches soll der Ochse fressen, so wird der Mensch zum Ochsen transmutirt.« Ebd., S. 244.

Natur getrennt und so zu mir gebracht. Ich bin ein Individuum, das sich zur Natur verhält wie ein Ausgestoßener, wie einer, der nicht dazugehört. Die Tiere gehören zu ihrem Biotop, es gibt ihn nur, weil die Tiere in ihm leben, in ihm aufgehen. Das Verhältnis von Mensch und Welt ist ein anderes. Der Mensch ist in der Welt wie im Exil, nie zu Hause.

Aber die Trennung von der Natur ist nicht absolut. Ich lebe – das verbindet mich mit allem Lebendigen. Hunger und Durst, Sexualität, die Fragilität des Körpers, die Kräfte und ihr Nachlassen erinnern daran, dass einmal das Glied der goldenen Kette *nicht* fehlte und dass dieses Nicht-Fehlen immer noch, solange ich lebe, zu mir gehört. Ja, der Körper erweist sich als das fehlende Glied selbst. Wenn ich meinen Körper von mir abspaltete, könnte ich ihn als ein Ding betrachten, das *ganz* zur Natur gehörte. Doch eine solche Abspaltung ist unmöglich.

All diese Eigenschaften des Körpers, dass er Hunger und Durst hat, dass er begehrt und blutet, sind Erfahrungen eines »von selbst«, das von meinem Selbst unabhängig ist. Ich kann nicht begehren wollen, *es* begehrt.[9] Es handelt sich um Erfahrungen, die das Selbst entmächtigen, es in die verlorene Natur zurückstoßen. Nicht, dass es sich renaturalisiert. Doch ihm »fehlt« etwas. *Ohnmacht*, die mich dazu zwingt, das verlorene Glied der goldenen Kette wie Phantomschmerz zu spüren.

*

Nur *Macht* kann entmächtigt werden. Ich habe Macht, übe sie aus. Demnach ist mein Verhältnis zur Natur nicht nur von Ohnmacht, sondern auch von Macht geprägt. Sie bezeugt sich in der Gewinnung und im Verbrauch von Rohstoffen, in der Nutzung von Lebensmitteln, in Mobilität. Noch der zärtlichste Frutarier kann nicht anders als Macht und Gewalt auszuüben. Es mag ihm gelingen, Pflanzen und Tiere zu schonen. Doch auf die Verwendung von asphaltierten Straßen und betonierten Parkplätzen wird er nicht verzichten.

Ohnmacht und Macht, Unmöglichkeit und Möglichkeit – chiasmatische Figur, die mein Verhalten zur Natur strukturiert. *Gewalt*, die durch diese Figur in unser Verhältnis zur Natur – und das heißt auch zu uns selbst – einfließt; eine Gewalt, die nicht vermieden oder verhindert werden kann, weil sie zur Natur gehört.

Alle ökologischen Projekte der letzten vierzig Jahre beziehen sich auf diese chiasmatische Figur. Ich bin als Ohnmächtiger gezwungen, Macht auszuüben. Sie äußert sich als Erfindung und Verwendung technischer Geräte in der Teilnahme an Prozessen in der Welt. Ich könnte nur auf die inhärente Gewaltausübung verzichten, wenn ich bereit wäre, mein Leben und meine Lebendigkeit aufs Spiel zu setzen: Todesangst (die Natur), die mich zur Macht zwingt. Ich übe Gewalt aus, indem ich selber Gewalt erfahre.

Macht und Ohnmacht sind Eigenschaften des humanoiden Seins nur deshalb, weil das Glied der Goldenen Kette fehlt, das es mit der Natur verband. Weil die Nabelschnur zur Großen Mutter gekappt ist, muss der Mensch ohnmächtig und mächtig zugleich sein. Tiere sind weder mächtig noch ohnmächtig. Nicht, dass sie keine Gewalt ausübten. Doch Tier-Gewalt ist Moment eines unveränderlichen Verhaltens. Menschliche Gewalt kann sich ändern, kann andere Formen annehmen. Wir vermögen zwar nicht, in unserem Verhältnis zur Natur auf Gewalt zu verzichten. Doch wir können sie gestalten und ihre Folgen kontrollieren.

*

Die Technik ist das Moment unserer Intelligenz, das Ohnmacht und Macht gegenüber der Natur mit Effizienz ausagiert; Moment nicht nur unserer, sondern *der* Intelligenz, die als techniklose nur dann gedacht werden könnte, wenn sie auf die Verbindung mit dem lebenden Körper verzichtete, d. h. wenn sie vollendete Technik wäre.[10] Die Technik folgt den Gesetzen der Natur, ihrer mathematischen Mikro-Matrix. Es wird mit technischen Mitteln erkannt, dass die Technik auf die Natur eine verheerende Wirkung ausübt.

In einem alten Gedicht, in dem es um die Hybris des Menschen geht, wird gesagt:

Viel Ungeheures ist, doch nichts
So Ungeheures wie der Mensch.
Der fährt auch über das graue Meer
Im Sturm des winterlichen Süd
Und dringt unter stürzenden Wogen durch.

4 Ebd., S. 243. Ich orientiere mich bei dieser flüchtigen Inhaltsangabe an Hermann Kopp: *Aurea catena Homeri.* Braunschweig 1880, S. 15 f.

5 Johann Wolfgang von Goethe: *Werke.* Hamburger Ausgabe. Hg. von Erich Trunz. Bd. 1. *Gedichte und Epen I.* München 1981, S. 200.

6 Baruch de Spinoza: *Kurze Abhandlung von Gott, dem Menschen und dessen Glück.* Hg. von Wolfgang Bartuschat. Hamburg 1991, S. 93.

7 Vgl. Bruno Latour: *Face à Gaia. Huit conférences sur le nouveau régime climatique.* Paris 2015. »Letzten Endes ist die Unterscheidung zwischen menschlichen und nichtmenschlichen Wesen nicht sinnvoller als die von NATUR/KULTUR.« Bruno Latour: *Kampf um Gaia. Acht Vorträge über das neue Klimaregime.* Aus dem Französischen von Achim Russer und Bernd Schwibs. Berlin 2017, S. 104–105. Latours Überlegungen zum Klimawandel bilden den Hintergrund des vorliegenden Textes. Vgl. auch James Lovelock: *Gaia. Die Erde ist ein Lebewesen.* Bern/München/Wien 1992 und Lynn Margulis: *Die andere Evolution.* Heidelberg/Berlin 1999. Spekulationen wie die »Gaia-Hypothese« sind uralt. Ich erinnere nur an Schellings Text *Von der Weltseele* von 1798. Dieser Ansatz geht natürlich auf antike Überlegungen zurück, die u. a. auch bei Platon zu finden sind. Es lässt sich nicht verbergen, dass solche Theoreme heute etwas Populärwissenschaftliches haben und schnell zu schlechter Esoterik übergehen.

Und der Götter Heiligste, die Erde,
Die unerschöpfliche, unermüdliche
Plagt er ab,
Mit wendenden Pflügen Jahr um Jahr
Sie umbrechend mit dem Rossegeschlecht.[11]

Sophokles stellt die Technik-Macht des Menschen dar. Zuletzt beklagt er sie als Hybris gegen die Götter. Die Technik ist mächtig genug, Gaia, der Großen Mutter, das fürs menschliche Leben Nötige abzuringen. Gaia ist »unerschöpflich, unermüdlich«, d. h. zu mächtig, als dass ihr die Technologien des Fischfangs und des Ackerbaus schaden könnten. »Jahr um Jahr« vollzieht sich das Leben in stabiler Ordnung, undenkbar, die Große Mutter würde sich nicht als die Unerschöpfliche und Unermüdliche erweisen.

Die Stabilität der Erde ist ihre Unerschöpflichkeit. Alles, was Natur heißt, wird mit dem Gebären verbunden. Die Gaia-Natur ist die Gebärerin. Hier liegt ihre mythische Bedeutung. Unerschöpfliche Quelle; ein Blick in die Lebendigkeit eines Korallenriffs genügt als Beleg. Die Fülle der Formen übertrifft alle teleologischen Naturauffassungen. Die Korallenriffpracht ist zwecklos, Reichtum einer äußerst verschwenderischen und selbstlosen Mutter.

*

Es gibt eine Szene in Terrence Malicks Film *The Thin Red Line*, in der Kinder jener Inselbewohner, bei der der desertierende Private Witt und ein weiterer Soldat Unterschlupf (ja, Unterschlupf) gefunden haben, im klaren Meer über einem Korallenriff schwimmen. Die Kamera blickt aus einer Unterwasserperspektive auf die gleichsam schwebenden Kinder. Dazu lässt Malick aus Gabriel Faurés Requiem *In Paradisum* erklingen.[12] Der Film stellt die Frage, wie in der an sich guten Natur das Böse – Gewalt, Zerstörung, Tod – erscheinen konnte.

Das Paradies ist vielleicht mehr als der mythische Garten, aus dem der ungehorsame Mensch vertrieben wurde. Für Hegel ist es »ein Park, wo nur die Tiere und nicht die Menschen bleiben können«. Die Tiere sind Geschöpfe. Sie seien »mit Gott eins, aber nur an sich«. »Für sich« seien sie nicht, d. h. sie seien kein »Geist«, kein »Bewußtsein«.[13] Um dieses über sich zu erlangen, musste der Mensch das Paradies verlassen. Hegel bejaht den Verlust, die Sprengung der Goldenen Kette.

Dieser Verlust ereignet sich als gegenläufige Bewegung. Blitzartig ist im Menschen ein Selbstverhältnis aufgesprungen, das ihn vom Paradies (den Tieren und Pflanzen) entfernt. Etwas fuhr in den Menschen, um etwas auszutreiben. Wenn jemanden verstehen heißt, sich in ihn hineinversetzen zu können, dann ist uns das Verständnis von Pflanze und Tier – trotz aller Naturwissenschaft – unmöglich (geworden). Nun stehen wir als Natur-Wesen außerhalb der Natur. Anders als in James Camerons Film *Avatar* bietet die Natur uns keine Schnittstelle an, an der wir uns in ihre Kreisläufe noch einmal einspeisen können.

*

Als im Jahr 1979 Hans Jonas' *Das Prinzip Verantwortung. Versuch einer Ethik für die technologische Zivilisation* erscheint, ist ein ökologisches Bewusstsein noch kaum ausgebildet. Das philosophische Buch ist ein Bestseller (bis 1987 erscheinen sieben Auflagen). Von heute aus gesehen ist das von Heidegger, Jonas' Lehrer, beeinflusste Buch prophetisch. Der Autor weist auf das »globale Wärmeproblem« hin. Es handle sich um den »›Treibhauseffekt‹«, der eintrete, »wenn das bei der Verbrennung gebildete Kohlendioxyd sich weltweit in der Atmosphäre anreichert und wie die Glaswand eines Treibhauses« wirke. Ein so »eingeleitetes und von uns weitergespeistes Ansteigen der Welttemperatur [...] könnte zu Dauerfolgen für Klima und Leben führen«, »bis zum katastrophalen Extrem von Polareisschmelze, Steigen des Ozeanspiegels, Überflutung großer Tieflandflächen ...«[14] Seit beinahe vierzig Jahren gibt es also ein vielverkauftes Buch, das die Phänomene beschreibt, mit denen wir es heute zu tun haben; und seit vierzig Jahren wird versucht, sie als »real« anzuerkennen.

Jonas war sich über die zentrale Rolle des Zeitfaktors im Klaren. Er betont, dass eine Ethik, die sich zu etwas verpflichten will, das noch gar nicht existiert, »vielleicht ohne Religion überhaupt nicht zu begründen« sei.[15] Warum? Weil die Religionen über ein Wissen von der Zeit verfügen, das die Naturwissenschaft nicht kennt. Es geht um die Erzählung

8 Johann Gottfried Herder: *Aelteste Urkunde des Menschengeschlechts.* Zweiter Band, welcher den vierten Theil enthält. Riga 1776, S. 112. Vgl. überhaupt Vanessa Albus: *Weltbild und Metapher. Untersuchungen zur Philosophie im 18. Jahrhundert.* Würzburg 2001, S. 384 ff.

9 Um keine Missverständnisse aufkommen zu lassen: Ich kann mein Begehren gestalten, bin ihm nicht vollkommen ausgesetzt. Ich kann es aber nicht willentlich produzieren. Wohl aber kann es geweckt werden.

10 Nur eine Maschine, die keinen Hunger und Durst mehr verspürte, die nicht begehrte, die sich auch nicht mehr bewegte, könnte auf die Technik verzichten – Traum einer Vollendung der Technik, die den Menschen hinter sich gelassen, weil sie einen Gott erschaffen hätte. Dieser Gott wäre die totale Technik.

11 Sophokles: *Antigone.* Hg. und übertr. von Wolfgang Schadewaldt. Frankfurt a. M. 1974, S. 23.

12 Eine solche für Malick typische Szene hat inzwischen Schule gemacht. In Denis Villeneuves *Arrival* gibt es Szenen der Protagonistin Louise Banks, wie sie mit ihrer Tochter spielt, oder in Barry Jenkins' *Moonlight* gibt es eine Szene, in der der Drogenhändler Juan dem Protagonisten Chiron das Schwimmen beibringt. Die Kamera befindet sich hier direkt an der Wasseroberfläche und zeigt, wie Juan Chiron Sicherheit im Wasser gibt. Dass in allen drei Szenen Kinder das Zentrum bilden, ist kein Zufall. Selbst der Beginn des Video-Clips *All Night* von Beyoncé ist ohne Zweifel beeinflusst von Malick; Beyoncés Stimme aus dem Off, darunter schwere Streicher-Klänge, und mit wem spricht sie da, mit welcher von der Apokalypse, von der Offenbarung der Wahrheit am Ende aller Zeiten. Was, wenn die Vertreibung aus dem Paradies die Wahrheit schon enthielte, die sich am Ende zeigt? Die Kette der Natur mag über den Menschen hinausgehen. Ohne ihn aber wird niemand mehr sie betrachten, sie loben und feiern. Noch eine andere Vertreibung scheint sich anzukündigen.

*

In der Tat neigt sich der Diskurs über die apokalyptische Zerstörung der Erde der Religion zu. Schon von Kant her kann diese Verbindung verständlich werden. Nach ihm eröffne »die gegenwärtige Welt« uns einen so »unermeßlichen Schauplatz von Mannigfaltigkeit, Ordnung, Zweckmäßigkeit und Schönheit [...], daß selbst nach den Kenntnissen, welche unser schwacher Verstand davon hat erwerben können, alle Sprache, über so viele und unabsehlich-große Wunder, ihren Nachdruck, alle Zahlen ihre Kraft zu messen und selbst unsere Gedanken alle Begrenzung vermissen, so, daß sich unser Urteil vom Ganzen in ein sprachloses, aber desto beredteres Erstaunen auflösen müsse.« Deshalb verdiene der »physikotheologische Beweis« vom Dasein eines die Natur schaffenden Gottes »jederzeit mit Achtung genannt zu werden«. Er sei der »älteste, kläreste und der gemeinen Menschenvernunft am meisten angemessene«.[16] Dass er nicht als wahr gelten könne, scheint mir angesichts eines solchen Lobes zweitrangig zu sein.

Es hat etwas Komisches, wenn wir zur Kenntnis nehmen, dass irgendeine Raumsonde wasserhaltige Minerale auf dem Mars oder Aminosäuren auf einem Meteoriten feststellt, während sich auf der Erde auf engstem Raum verschiedene Lebensformen drängen. Die Astrobiologie ist so etwas wie eine gegenstandslose Wissenschaft. Noch gibt es keinen Hinweis auf ein Leben jenseits der Erde, ganz abgesehen von intelligentem Leben. Die Erde aber bietet ein unerschöpfliches Lebens-Spektakel, als sei es das Selbstverständlichste.

*

Was, wenn wirklich nur auf einem, auf *diesem* Planeten die Natur sich auf diese Weise inszeniert? Zu ihr gehört die einzigartige Intelligenz des Menschen, in der die Natur gleichsam zu sich selbst kommt. Schelling schreibt von Spinoza ausgehend: »Wie aus einer unabsehlichen Tiefe emporgehoben erscheint ihm die Substanz [die göttliche Natur, P. T.] schon in Pflanzen und Gewächsen [...], bis in thierischen Organismen hypostasirt das erst grundlose Wesen dem Betrachter immer näher und näher tritt, und ihn aus offenen, bedeutungsvollen Augen anblickt.«[17] Das ist eine weitere Fassung der Goldenen Natur-Kette (Schelling selbst spricht von der »Ordnung und Verkettung der Natur«). Was, wenn diese Kette singulär wäre?

Brandon Carters *Anthropisches Prinzip* behauptet in seiner schwachen Form, dass wir darauf vorbereitet sein müssen, »die Tatsache in Betracht zu ziehen, dass unser Ort im Universum in dem Sinne notwendig privilegiert ist, dass er mit unserer Existenz als Beobachter vereinbar« sei.[18] Es gibt einen Ort, dessen Entstehung von Bedingungen abhängt (z. B. dem Alter und der Lage des Planeten im Verhältnis zum Alter und zur Lage der Sonne), die zugleich die Existenz des Beobachters dieses Ortes im Universum ermöglichen. Ob es irgendwo anders noch Leben gibt, hängt von der Wahrscheinlichkeit des Auftretens dieser Bedingungen ab.

*

»... inmitten dieser sonnenatmenden Erde.« – Poetische Kennzeichnung des Verhältnisses von Sonne und Erde, eine Vorwegnahme dessen, was die Astrophysik mit anderen Zeichen bestätigt. Noch anders: Ausdruck einer Intimität,[19] die vielleicht zu den Ur-erfahrungen gehört. Menschen teilen sie, wenn sie sich – irdisch – fühlen; intim-prekäre Topografie von der Mitte über den Rand in den Orbit ...

*

Eine neue Religion der Erde müsste den rationalen Anspruch einer Identifizierung von Gott und Natur in eine Religion des einmaligen Ereignisses – in eine Religion *des Wunders aller Wunder, dass es diese Erde gibt* – transformieren. Egal, ob (ein) Gott die Natur aus dem Nichts geschaffen oder ob die Natur selbst dieses Schaffende ist, das Faktum der absoluten Einzigartigkeit (das nur geglaubt werden kann), führt zu einem »sprachlosen, aber desto beredteren Erstaunen«. Von diesem ist es nur ein Schritt zu einer rituellen Bestätigung, dass der Mensch wieder zum Glied der Goldenen Kette wird.

Mutter? All diese Szenen erinnern an ein ungebrochenes Glück in der Welt-Natur. Ihre Atmosphäre, das unmittelbare Filmen scheinbar improvisierender Akteure, das Einspielen eines charakteristischen Soundtracks, ist von Malick inspiriert.

13 Georg Wilhelm Friedrich Hegel: *Vorlesungen über die Philosophie der Weltgeschichte*. Bd. II–IV. Hg. von Georg Lasson. Hamburg 1988, S. 798.

14 Hans Jonas: *Das Prinzip Verantwortung. Ethik für die technologische Zivilisation*. Frankfurt a. M. 1979, S. 333–334.

15 Ebd., S. 36.

16 Immanuel Kant: *Kritik der reinen Vernunft*. Hg. von Jens Timmermann. Hamburg 1998, S. 650–651.

17 Friedrich Wilhelm Joseph Schelling: »Ueber das Verhältniß des Realen und Idealen in der Natur oder Entwickelung der ersten Grundsätze der Naturphilosophie an den Principien der Schwere und des Lichts.« In: Ders.: *Schriften von 1994–1798*. Darmstadt 1980, S. 132.

18 Brandon Carter: »Large Number Coincidences and the Anthropic Principle in Cosmology.« In: *Confrontation of Cosmological Theories with Observational Data*. Ed. by Malcom Sin Longair. Dordrecht 1974, S. 291. (Übersetzung: P. T.)

19 Vgl. Peter Sloterdijk: *Sphären I. Blasen*. Frankfurt a. M. 1998. Sloterdijk zeigt, wie sich eine Intimität des Ortes in reichen Formen kulturgeschichtlich entfaltet.

20 Martin Heidegger: *Über den Humanismus*. Frankfurt a. M. 1949, S. 29.

Erd-Religion, Rückbindung an die Erde, in der sie selbst als das Heilige, das unbedingt zu Bewahrende, das absolut Kostbare, erschiene. Kostbar aber nicht nur, weil sie die Bedingung von Leben, ja, Leben selbst ist, sondern weil darüber hinaus uns nichts auch nur annähernd Vergleichbares im kosmischen Raum bekannt ist. All die schlechten Spekulationen, die sich über mögliches Leben irgendwo äußern, sind bis zum Erweis ihrer Berechtigung nicht nur Unsinn, sondern hybrider Unsinn. Wir haben das Leben auf der Erde als wunderbar zu betrachten.

*

Mein Verhältnis zur Natur wird als Macht und Ohnmacht erfahren. Technische Macht hat inzwischen einen bestimmten Zustand der Natur so massiv beeinflusst, dass Konsequenzen dieser Machtausübung mess- und spürbar werden. Deshalb wird in geochronologischer Hinsicht vom *Anthropozän* gesprochen. Die Erde scheint als Ganze zu einem menschlichen Fossil zu werden. Die Zerstörung wird unübersehbar.

Im Anthropozän wird der Mensch zum ersten geologischen Faktor. Es sind nicht mehr Vulkanausbrüche oder größere Veränderungen der Erdkruste, die die Erdgeschichte bestimmen, sondern die humanoide Technik. Das Anthropozän soll das Holozän ablösen, das vor ungefähr 11 000 Jahren mit einer langsam ansteigenden, hier und da unterbrochenen Erderwärmung begann. Nun ist anzunehmen, dass seit der industriellen Revolution im letzten Jahrhundert die CO_2-Emissionen technischer Vorgänge das Klima maßgeblich beeinflussen. Dieses wiederum wirkt auf die Ereignisse der Erdgeschichte ein (Stand des Meeresspiegels, Entwicklung der Pflanzen- und Tierwelt, Desertifikation etc.).

Man kann auch sagen: Zum ersten Mal in der Geschichte der Erde hat ein Lebewesen die Macht, diese Geschichte mitzuschreiben. Der Mensch wird also tatsächlich zum »Hirten des Seins«[20], besser, er könnte nun zum »Hirt des Seins« werden, wenn er seine im Anthropozän mitgesetzte Rolle zu spielen bereit wäre. Die Frage ist da nicht zuerst, ob er die Aufgabe bestehen wird. Vielmehr müsste er sie erst erkennen – und anerkennen.

»Warum schweigt die Erde bei dieser Zerstörung?«,[21] fragt Heidegger Mitte der Dreißigerjahre des letzten Jahrhunderts. »Die Natur, herausgesondert aus dem Seienden durch die Natur-wissenschaft, was geschieht ihr durch die Technik?« Die Frage nimmt nicht nur die Folgen einer jahrhundertelangen technischen Ausbeutung der Erde vorweg. Sie spricht (auch) zugleich ein Problem an, das uns in Zeiten der von Menschen beeinflussten oder gemachten globalen Erwärmung besonders betrifft. Dieses Problem besteht darin, dass wir unser Handeln auf ein Individuum beziehen müssen, das nicht mit uns kommuniziert. »[...] daß selbst die Steine den Schmerz herausschreien, den die Menschen ihnen angetan haben« – doch sie schreien nicht, sie bleiben stumm.[22] Kann es einen »stummen Appell um Schonung«[23] geben?

*

Es gibt keine Kommunikation, keine Kommunion mit der Natur, mit der Erde. Die reflexive Struktur unserer Intelligenz kann ihre Zugehörigkeit zur Natur nur reflexiv und d. h. in der Trennung von ihr erkennen. Anders gesagt: Ich muss immer auch bei mir sein, um bei der Natur zu sein. Daher vermag ich es nicht wie ein Tier ganz zu sein. Diese Zweideutigkeit verhindert, dass ich fähig wäre, die leidende Natur sprechen zu hören.

Zerstörung – ist eine mögliche und wirkliche Folge humanoider Macht. In Jahrtausenden hat sie lokale Bedingungen betroffen (vgl. den Unfall im Kernkraftwerk *Lenin* in Tschernobyl oder die Abholzung brasilianischer Regenwälder) und verändert. Die Unerschöpflichkeit regenerativer Kräfte der Natur scheint diese Zerstörungen in einer intakten Ganzheit aufgefangen zu haben. Nun verändert sich diese Ganzheit, die Folgen technischer Macht könnten zur Selbstzerstörung des Menschen übergehen.

Selbstzerstörung – ist keine Möglichkeit der Natur. Keine Pflanze, kein Tier verfügt über das Vermögen, sich selbst zu vernichten. Sie leben in der Goldenen Kette, entwickeln sich nach bekannten und unbekannten Gesetzen der Evolution. Einzig der Mensch hat die Macht *und* Ohnmacht, *diesen* Zustand der Goldenen Kette und mit ihm sich selbst in *diesem* Zustand zu zerstören. Dann entsteht die apokalyptische Situation, über deren Aussehen verschiedene dystopische Filme Auskunft geben (z. B. in Anspielung an den Hobbes'schen Naturzustand zuletzt Stephen Fingletons *The Survivalist*).

21 Martin Heidegger: *Beiträge zur Philosophie (Vom Ereignis).* GA 65. Hg. von Friedrich-Wilhelm von Herrmann. Frankfurt a. M. 1989, S. 277.

22 Latour: *Kampf um Gaia,* S. 130.

23 Jonas: *Das Prinzip Verantwortung,* S. 29.

24 Peter Sloterdijk: *Nicht gerettet. Versuche nach Heidegger.* Frankfurt a. M. 2001, S. 370.

25 Damit denke ich z. B. an den Ersatz des Benzin- durch den Elektromotor. Dass ist keine völlige Aufhebung, aber eine gestaltende Verlagerung der Gewalt. Selbst wenn Elektrizität nicht mehr in Kohle- oder Kernkraftwerken, sondern nur noch mit Wind- und Sonnenkraft produziert wird, bleibt Gewalt in der Installation riesiger Produktionsstätten dieser Energie im Spiel.

26 Vgl. Latour: *Kampf um Gaia,* S. 202: »Was das Anthropozän zu einem herausragenden Bezugspunkt, zu einem weit über die Stratigraphie hinaus deutlich sichtbaren ›goldenen Nagel‹ werden läßt, ist der Umstand, daß der Name dieses erdgeschichtlichen Zeitabschnitts zum relevantesten philosophischen, religiösen, anthropologischen und [...] politischen Konzept bei der Abkehr von Begriffen wie ›MODERNE‹ und ›Modernität‹ werden kann.«

27 Die demographischen Forschungen von Gunnar Heinsohn wie z.B. in *Söhne und Weltmacht. Terror im Aufstieg und Fall der Nationen.* (Zürich 2003) verursachen Ratlosigkeit, wenn nicht Angst. Dabei muss man erkennen, dass solche Forschungen nichts anderes als das Beschriebene selbst sind. Sie gehören zum Berechneten, insofern sie ihm die Bedeutung des Schockierenden erst besorgen. Ich will nicht

*

An dieser Stelle muss die Betrachtung der seltsamen Rolle der Naturwissenschaft, z. B. der Klimaforschung, einsetzen. Dass sich ein Klimawandel vollzieht, lässt sich nur statistischen Messungen entnehmen. Übers Vermögen, diese Messungen durchzuführen und zu lesen, verfügen lediglich Spezialisten. Diese erhalten im Licht eines möglichen Weltuntergangs eine geradezu religiöse Bedeutung. Als Laie hat man nur die Möglichkeit, ihnen zu glauben.

Dabei scheint häufig vergessen zu werden, dass die Technik und mit ihr die Naturwissenschaft maßgeblich an den globalen Veränderungen beteiligt ist. So hat Peter Sloterdijk im Umfeld seiner Heidegger-Interpretationen die »Herstellung von Globen« als »das wichtigste Zeugnis der neuzeitlichen Routinen im Ausgriff auf die kosmische Basis der Gattung« bezeichnet. Mit dem Globus werde die »Erde als Aktionsfolie der Neuzeitmenschheit erst wirklich hergestellt«.[24] Jetzt kann der europäische und d. h. techno-ökonomische Ausgriff über die Erde beginnen. All das ist ohne quantifizierende Methoden, d. h. ohne Messungen und Wetter-Messungen, nicht möglich.

Angesichts der Folgen technischer Macht in der Geschichte des Planeten erscheinen die Politik und Rhetorik des Klimaschutzes gespenstisch ohnmächtig. Was wäre, wenn wirklich schwere Einschnitte das Leben auf dem Planeten verändern würden? Ich denke an die sofortige Stilllegung aller Kohlekraftwerke; die Abschaffung oder drastische Veränderung der privaten und interkontinentalen Mobilität; eine grundlegende Änderung unserer Tierhaltung und der auf ihr basierenden Ernährung. Nur durch solche Maßnahmen könnten drohende Katastrophen begrenzt werden. Doch die Forderung ist irreal. Sie zeigt, dass die Erderwärmung nur soweit ernst genommen werden kann, wie es die Integrität der verschiedenen Ökonomien erlaubt.

Der techno-ökonomisch-mediale Apparat ist ein stabiles Dispositiv, das Veränderungen oder gar Einschränkungen kaum zulassen kann. Die Tatsache, dass der Effekt der globalen Erwärmung den Wissenschaften seit vierzig Jahren bekannt ist, dokumentiert die Zähigkeit einer Bewegung des Dispositivs. Die Reduktion der Möglichkeiten menschlichen Handelns auf techno-ökonomisch-mediale Kriterien macht eine Umorientierung schwierig. So rationalisiert die Praxis dieser universalen Matrix des Handelns auch sein mag, sie bleibt Argumenten unzugänglich. Der diskursive

Aufwand von Wissenschaftlern, Philosophen und Politikern fällt zurück auf jene Kriterien, denen man sich nicht selten in apokalyptischer Resignation überlässt.

Und doch kann nur was die Wunde schlug sie auch heilen. Es gibt keine andere Möglichkeit, als dass technische Maßnahmen die verheerenden Folgen technischer Maßnahmen einzudämmen versuchen. Dass mein Verhältnis zur Natur anders als gewalthaft nicht gedacht werden kann, bedeutet nicht, dass diese Gewalt nicht zur »Schonung« eingesetzt werden kann.[25] Die Entwicklung schonenderer Technologien ist daher der einzige Weg, die Zukunft des Anthropozäns einigermaßen sinnvoll zu gestalten. Es müsste sich dazu das Verhältnis zwischen Technik und Religion neu bestimmen.[26] Daraus könnte eine neue Erde entstehen.

*

Die Apokalypse wird wissenschaftlich berechnet. Technisch anspruchsvolle Kalkulationen sind selbst ein Moment des Ereignisses. Demografische Statistiken z. B. über die Entwicklung der Weltpopulation sind dasselbe wie die Technologie neuer Kohlekraftwerke in China.[27] Die kommende Apokalypse hat eine semantische Struktur, die nicht mehr von ekstatischen Propheten verkündigt werden wird, sondern von Mathematikern, die nüchtern Zahlen des Untergangs aufeinandertürmen. Wenn das anthropische Prinzip einen möglichen Beobachter des Universums mit spezifischen astrophysikalischen Bedingungen verknüpft, dann gilt das auch für die Apokalypse: Sie braucht den Beobachter, dem sie ein Ende bereiten wird.

Die Apokalypse wird nicht in einer plötzlichen Vernichtung bestehen. Vielmehr wird die techno-ökonomisch-mediale Reduktion des menschlichen Handelns zu einer restringierten Praxis unter der Vorherrschaft techno-ökonomisch-medialer Interessen führen. Diese wird eine weitere Reduktion von Pflanzen- und Tierarten, Biotopen, Rohstoffen etc. bewirken. Das Wachstum der Weltpopulation wird diese Reduktion verstärken und akute Verknappungen erzeugen. Wenn Roh-

sagen, dass demografische Phänomene nur existieren, weil sie beschrieben werden. Es ist aber naiv zu glauben, dass sie von der Beschreibung unabhängig sind.

28 Thomas Hobbes: *Vom Menschen. Vom Bürger. Elemente der Philosophie II/III*. Hg. von Günter Gawlick. Hamburg 1994, S. 60. Der Begriff des caput lupinum aus dem englischen Rechtswesen bezeichnet einen Menschen, der aus der Gemeinschaft seiner Artgenossen ausgestoßen worden ist und damit – wie ein gefährlicher Wolf – zum Abschuss freigegeben wird.

stoffe (z. B. das Wasser oder die Luft) die kritische Reduktions-Masse erreicht haben werden, werden Migrationsbewegungen den Charakter eines Weltbürgerkriegs annehmen.

*

Hobbes' berühmte Idee, dem Menschen eine Wolfsnatur (lupinus) nicht nur im Naturzustand zuzuschreiben,[27] wird dann eine bisher ungekannte Aktualität erhalten. Dabei ist's eigentlich eine schiefe Metapher, den Menschen als Raubtier darzustellen. Einem Wolf würde es nie einfallen, aus der Natur auszusteigen, um diese zu seinen Gunsten zu verbrauchen. Wo es um bloße Selbsterhaltung geht, d. h. in einer Zeit, in der es den vor der Verwüstung oder der Überschwemmung ihrer Lebenswelt flüchtenden Menschen ums Überleben geht, wird der Mensch nicht zum Wolf, sondern zum Un-Menschen. Sein In-der-Natur-Sein wird sich nicht verändern, es wird weiterhin von Ohnmacht *und* Macht geprägt sein, doch seine zivile Bereitschaft, existierende Besitz- und Lebensverhältnisse anzuerkennen, wird ausfallen.

Vielleicht wird es der technische Fortschritt zu diesem Zeitpunkt schon ermöglicht haben, den Planeten verlassen zu können. Der Mensch wird alle Ketten gesprengt haben. Doch das Verlassen der Erde wird nichts anderes sein als ein Abschied von der Natur, wie wir sie kannten; ahnungslose Erschöpfung, an deren Ende sich offenbart, was Zerstörung heißt. – Der Abschied hat schon begonnen.

PETRA STEINMAIR-PÖSEL,
geboren 1975 in Bludenz, leitet derzeit das Institut für Religionspädagogische Bildung der KPH Edith Stein in Feldkirch. Forschungsinteressen: Christliche Sozialethik im Gravitationsfeld von Mystik und Politik, Umweltethik und Spiritualität, anthropologische Grundlagen der Sozialethik, Genderfragen im Horizont christlicher Sozialethik. Zu ihren wichtigsten Publikationen zählen: *Im Gravitationsfeld von Mystik und Politik. Christliche Sozialethik im Gespräch mit M. Maria Skobtsova, Dorothee Sölle und Chiara Lubich* (in Vorbereitung), *Gerechtigkeit in einer endlichen Welt – Ökologie – Wirtschaft – Ethik* (2014, mit Ingeborg Gabriel), *Gnade in Beziehung: Konturen einer dramatischen Gnadenlehre* (2009).

Erkaltete Liebe und globale Erwärmung. Überlegungen zu Ökologie und Apokalyptik im Anthropozän im Anschluss an René Girard

PETRA STEINMAIR-PÖSEL

Am Beginn seines letzten großen Werkes, des Dialogbandes *Im Angesicht der Apokalypse. Clausewitz zu Ende denken,* beschreibt der franko-amerikanische Kulturanthropologe René Girard im Jahr 2007 die Gegenwart als apokalyptische Ära – und damit als eine Zeit, in der sowohl immense Bedrohungspotenziale als auch rettende Kräfte in dramatischer Weise anwachsen. Zwar liegt Girards Hauptaugenmerk nicht auf dem anthropogenen Klimawandel, dem Anstieg des Meeresspiegels oder der Zerstörung menschlicher Lebensräume, sondern auf der Eskalation der Gewalt. Dennoch können seine Überlegungen als ein erhellender Beitrag zum Verständnis der Rolle von Religion – und hier besonders der jüdisch-christlichen Tradition – im Anthropozän gelesen werden.

René Girards mimetische Theorie – Ein Überblick

In Girards mimetischer Theorie spielen drei Konzepte eine wichtige Rolle: mimetisches Begehren, Sündenbockmechanismus und die Rolle der jüdisch-christlichen Tradition.[1] Die Grundlage Girard'schen Denkens bildet – sowohl chronologisch als auch systematisch betrachtet – die Einsicht, dass Menschen zutiefst mimetische Wesen sind. Dabei geht es nicht nur um die Erkenntnis, dass Menschen durch Nachahmung lernen, was am Beispiel kindlichen Spracherwerbs beobachtet werden kann. Das Mimesis-Verständnis Girards setzt viel tiefer an: bei der menschlichen Erfahrung eines fundamentalen, aber inhaltlich unbestimmten Wünschens. In dieser Situation wenden wir uns anderen Menschen zu in der Hoffnung, dass deren Begehren uns zeigt, wonach wir streben sollen, um den empfundenen Mangel zu beseitigen und die Unruhe in unseren Herzen zu stillen.

Auf diese Weise beginnen wir, uns das zu wünschen, von dem wir sehen oder glauben, dass andere es begehren. Girard beschreibt diesen Ursprung des Begehrens folgendermaßen: »Sind seine Primärbedürfnisse einmal gestillt – zuweilen sogar schon vorher –, ist der Mensch von intensiven Wünschen beseelt, weiß aber nicht genau, was er wünscht: Er begehrt das Sein – jenes Sein, das ihm seinem Gefühl nach fehlt und von dem ihm scheint, ein anderer besitze es. Das Subjekt erwartet von diesem anderen, dass er ihm sagt, was gewünscht werden muss, um dieses Sein zu erlangen.«[2] Diese mimetische Orientierung am anderen führt jedoch rasch zu Rivalität und Konflikt: Wo zwei Menschen dasselbe begehren, wird aus dem Vorbild rasch ein Hindernis und ein Rivale. Wieder ist ein Beispiel aus der Welt der Kinder hilfreich: Man stelle sich vor, eine Gruppe von kleinen Kindern spielt in einem Raum. Jedes der Kinder bekommt einen identischen Ball – und doch ist die Wahrscheinlichkeit groß, dass es schon bald zu Streitigkeiten um einen ganz bestimmten Ball kommen wird, weil zwei oder mehrere Kinder eben mit genau diesem Ball spielen wollen. Was Girard durch diese kleine Begebenheit veranschaulicht, ist die Tatsache, dass wir Objekte meist nicht aufgrund ihres intrinsischen Wertes (die Bälle im Beispiel sind alle identisch), sondern aufgrund ihrer sozialen Bedeutung begehren (weil ein anderer sie besitzt oder begehrt).

Nach Girard hätte diese konflikthafte Seite des mimetischen Begehrens menschheitsgeschichtlich rasch zu einer zerstörerischen Eskalation der Gewalt geführt, hätte es nicht auch einen die Gewalt eindämmenden Mechanismus gegeben. Ihn bezeichnet Girard als Sündenbockmechanismus und findet seine Spuren an den Wurzeln unterschiedlichster Religionen und Kulturen. Immer gibt es ein einzelnes Opfer, auf das die Aggression und Gewalt einer ganzen Gruppe unbewusst projiziert wird. In der Folge erscheint dieses Individuum monströs und verantwortlich für all das Böse, das die Existenz und den sozialen Zusammenhalt der Gruppe bedroht, es wird ausgeschlossen oder getötet. Da zuvor die gesamte Aggression auf dieses Individuum übertragen wurde, erfährt sich die Gruppe nach dessen Ausstoßung oder Tötung auf wundersame Weise auch von der eigenen Gewalt befreit, wodurch das Opfer rückblickend plötzlich nicht mehr nur als monströser Übeltäter, sondern zugleich als göttliche Erlösergestalt erscheint: Es hat offensichtlich Frieden in die ehemals konfliktbeladene Gemeinschaft gebracht. Dies ist nach Girard die Geburtsstunde des archaischen Heiligen und erklärt, warum es immer zugleich *tremendum et fascinosum* ist und von Mythen, (Opfer-)Riten und Tabus begleitet wird. Die Opferriten zielen auf eine Wiederholung jenes friedensstiftenden Ursprungsereignisses, das er auch als Gründungsmord bezeichnet. Mythen sind die Erzählungen über dieses Geschehen aus der notwendigerweise verzerrten Perspektive der Überlebenden. Und die Tabus stellen archaische Schutzwälle gegen die mimetisch ansteckende Gewalt dar. Auf diese Weise entstanden nach Girard alle archaischen Religionen und mit ihnen die Kulturen mit ihren sozialen und juridischen Ordnungssystemen. Ohne die gewalteindämmende Funktion des Sündenbockmechanismus hätte die Menschheit – Girard zufolge – nicht überlebt.

Eine besondere Rolle schreibt er der jüdisch-christlichen Tradition zu: Während nämlich in den archaischen Religionen die Verfolger immer an die Schuld ihrer Opfer glaubten – faktisch wurden diese gar nicht als »Opfer« wahrgenommen, sondern zunächst dämonisiert und nach ihrem Tod divinisiert – beschreibt die Bibel die Opfer als unschuldig, vom unschuldig verfolgten Beter in den Klagepsalmen bis zu dem unschuldigen Opfer schlechthin: Jesus. Im Unterschied zu den Mythen stellt sich der biblische Text nicht auf die Seite der Verfolger, sondern auf die Seite des Opfers, entschleiert so den Sündenbockmechanismus und setzt ihn damit außer Kraft, denn: »Ein Sündenbock ist so lange ein probates Mittel, wie man an seine Schuld glaubt. Einen Sündenbock haben, heißt, nicht zu wissen, dass man ihn hat. Herauszufinden, dass man einen hat, heißt, diesen Sündenbock auf immer zu verlieren und sich den unlösbaren Konflikten auszusetzen.«[3]

In diesem Sinne setzt die jüdisch-christliche Tradition den auf Sündenböcken basierenden sakrifiziellen Religionen und Kulturen ein Ende. Und obwohl es in der Geschichte Zwischenformen wie das sakrifizielle Christentum gibt, das Jesu Tod und Auferstehung analog zu sakrifizellen Religionen deutet, bringt die biblische Offenbarung auf lange Sicht doch das Ende der gewaltsamen Kanalisierung der Gewalt. Damit verurteilt sie aber in Girards Deutung auch alle anderen sozialen Institutionen, welche ihm zufolge im Sündenbockmechanismus wurzeln, wie das juridische oder ökonomische System,[4] zum Untergang. Das Zusammenbrechen des Sündenbockmechanismus erfolgt jedoch nicht ohne einen eklatanten Anstieg der Opfer, denn je weniger effektiv der Mechanismus wirkt, umso mehr Opfer verlangt er.

Apokalyptische Zeiten

In diesem Kontext ist nun Girards Deutung unserer Zeit als apokalyptischer Ära zu verorten: »Indem das Christentum den Gründungsmord offenbarte, zerstörte es die Unwissenheit und den Aberglauben«, welche für archaische Religionen unverzichtbar waren, und ließ dadurch »ein Wissen entstehen, das man sich zuvor nicht hatte vorstellen können«.[5] Und weiter:

> Der von den Opferzwängen befreite menschliche Geist ersann die Wissenschaft, die Techniken sowie das Beste und Schlimmste der Kultur. Unsere Zivilisation ist die kreativste, die mächtigste Zivilisation aller Zeiten, zugleich aber auch die fragilste und am stärksten bedrohte, denn sie verfügt nicht mehr über die Schutzvorrichtung des archaischen Religiösen. In Ermangelung des Opfers im weiteren Sinn läuft sie Gefahr, sich selbst zu zerstören, wenn sie nicht aufpasst, was sie offenkundig nicht tut.[6]

Das Zusammenbrechen des Sündenbockmechanismus hat also nicht nur Wissenschaft und Technik ermöglicht, sondern liefert uns auch in ganz neuer Weise unseren (konflikthaften) mimetischen Begehren mit ihrer Tendenz zur »Steigerung bis zum Äußersten«[7] aus. Vor diesem Hintergrund gewinnen für Girard die apokalyptischen Texte des Neuen Testaments wie Mt 24,6-12 ganz neue Relevanz:

> Ihr werdet von Kriegen hören und Nachrichten über Kriege werden euch beunruhigen. [...] ein Volk wird sich gegen das andere erheben und ein Reich gegen das andere und an vielen Orten wird es Hungersnöte und Erdbeben geben. [...] Und weil die Missachtung von Gottes Gesetz überhandnimmt, wird die Liebe bei vielen erkalten.

Texte wie diesen, welche aufgrund der Vermischung von natürlichen und kulturellen Phänomenen bis vor Kurzem als besonders naiv, mythisch und damit überholt galten, hält Girard für höchst scharfsichtig und realistisch. Denn sie rücken etwas in den Blick, was man heute durch den Begriff des *Anthropozän* zu fassen versucht: Die Tatsache, »dass die Entwicklung der Lebensräume weltweit von der menschlichen Zivilisation bestimmt wird« und »die Menschheit in historisch neuer Weise für die Gestalt der Natur verantwortlich«, wie sie umgekehrt auch den Folgen ihrer Naturbeherrschungspraktiken ausgesetzt ist.[8]

Ein Blick auf die Konzentration kriegerischer Konflikte in Regionen mit – durch den anthropogenen Klimawandel bedingter – Wasserknappheit oder Ernteausfällen macht es tatsächlich schwer, die Analogie zwischen diesen apokalyptischen Texten und aktuellen Herausforderungen im Anthropozän zu bestreiten. Girard stellt deshalb fest, »dass die apokalyptischen Texte mit ihrer gestern noch als naiv betrachteten Verquickung von Natur und Kultur alles andere als für alle Zeiten überholt sind«.[9] Ihre Aktualität sieht er in »einer zügellosen, die ganze Erde umspannenden Gewalt [...], die verwirklicht, was die apokalyptischen Texte einst ankündigten: eine Gemengelage von Naturkatastrophen und hausgemachten Katastrophen, eine Vermischung von Natürlichem und Künstlichem. Globale Erwärmung und Ansteigen des Meeresspiegels sind heute keine bloßen Metaphern mehr.«[10] Und genau diese Vermischung von drohenden sozialen Katastrophen und Naturkatastrophen, von menschlicher Gewalt und ökologischer Zerstörung, ist in seinen Augen die verkannte Wahrheit der biblisch apokalyptischen Texte.

Um Girard an dieser Stelle recht zu verstehen, ist es wichtig, seinen weiten Gewaltbegriff zu berücksichtigen. Basierend auf den Analysen des preußischen Kriegstheoretikers Carl von Clausewitz versteht Girard nämlich nicht nur Krieg oder Terror als Gewalt, sondern bezeichnet auch die moderne Ökonomie als zutiefst gewaltverhaftet. Er sieht eine »Entsprechung zwischen Krieg und Geldverkehr«, weil beide »die gleiche Realität« beträfen, was sich besonders dann zeige, wenn »sich die gütliche ›Realisation‹ des Tausches in einen rasenden Wettstreit« verwandle, denn dann könne ein »Handelskrieg ganz leicht zu einem echten Krieg werden«.[11]

Dies ist jedoch für ihn nur eine Zuspitzung der Tatsache, dass Handel und Wirtschaft Gewalt einschließen in einem zweifachen Sinn: Sie setzen ihr Grenzen, aber sie tun das auf eine gewaltsame Weise, wie dies auch schon bei den archaischen Religionen der Fall war. Wurden in sakrifiziellen Religionen Menschen geopfert, werden im Kontext des entfesselten ökomischen Wettbewerbs Kosten externalisiert. Diese Kosten betreffen vor allem natürliche Ressourcen wie

1 Diese Konzepte werden von Girard u. a. schwerpunktmäßig in folgenden Büchern entfaltet: *Figuren des Begehrens. Das Selbst und der Andere in der fiktionalen Realität. Münster 1999; Das Heilige und die Gewalt.* Frankfurt a. M. 1994; *Ich sah den Satan vom Himmel fallen wie einen Blitz. Eine kritische Apologie des Christentums.* München 2002.

2 Girard: *Das Heilige und die Gewalt,* S. 215.

3 René Girard, Benoît Chantre: *Im Angesicht der Apokalypse. Clausewitz zu Ende denken. Gespräche mit Benoît Chantre.* Berlin 2014, S. 17.

4 Zum juridischen System vgl. ebd. S. 190.

5 Ebd., S. 16.

6 Ebd., S. 16–17.

7 Ebd., S. 13. Es handelt sich dabei um ein Motiv, das Girard in den Schriften des preußischen Militärhistorikers Carl von Clausewitz findet und für seine Gegenwartsanalyse übernimmt.

8 Markus Vogt, Mike Davis, Frank Uekötter: *Prinzip Nachhaltigkeit. Ethische Fragen im interdisziplinären Diskurs.* München 2009, S. 7.

9 Girard: *Im Angesicht der Apokalypse,* S. 198–199.

10 Ebd., S. 11.

11 Ebd., S. 111 und S. 113.

12 Gerhard Scherhorn: »Nachhaltig wirtschaften im Spannungsfeld von Ökologie und Ökonomie.« In: Ingeborg Gabriel und Petra Steinmair-Pösel (Hg.): *Gerechtigkeit in einer endlichen Welt. Ökologie – Wirtschaft – Ethik.* Ostfildern 2013, S. 44–63, hier S. 51.

»Rohstoffvorkommen, Ökosysteme, Arten und Böden, Gewässer und Klimate«.[12] Der Begriff »Externalisierung« verweist dabei auf den größeren Zusammenhang, gleichsam das Grundmuster: Jemand oder etwas wird externalisiert, ausgeschlossen, geopfert, um das Wohl und das Florieren der anderen zu sichern. Florieren heißt im ökonomischen Kontext jedoch immer Wachstum, eine Steigerung von Profiten, ein konstanter Überschuss – letztlich »Steigerung bis zum Äußersten«. Obwohl die Ökonomie also eine Institution ist, welche die Menschen zu befrieden sucht, tut sie das gegenwärtig doch auf Kosten der Natur und auf Kosten derer, welche »unter dem steigenden Meeresspiegel auf den Malediven oder den Überschwemmungen in Bangladesch, unter den steigenden Nahrungsmittelpreisen und den sinkenden Ernteerträgen in Afrika und der arabischen Welt leiden.«[13]

Um Girard angesichts dieser dunklen Analysen nicht als untergangsfaszinierten Unheilspropheten misszuverstehen: Sein »Apokalyptizismus« verdankt sich nicht einem übertriebenen Pessimismus oder gar einer Faszination für den Untergang. Vielmehr ähnelt seine Haltung dem von G. K. Chesterton in *Orthodoxie* beschriebenen »kosmischen Patriotismus«: Jenseits der Resignation des Pessimisten und der Naivität des Optimisten sucht die realistische und zutiefst loyale Sicht des »kosmischen Patrioten« Hoffnung zu wecken und Veränderung hervorzurufen – und genau das ist es, was Girard will.[14] In diesem Sinne erinnert die Haltung Girards auch an jene der alttestamentlichen Propheten, welche durch ihre Unheilsprophetie gerade nicht die angekündigte Katastrophe herbeirufen, sondern im Gegenteil das eingeschlafene Gewissen ihrer Zeitgenossen aufrütteln und diese zur Umkehr, zur *metanoia,* bewegen wollen. Der französische Philosoph Jean-Pierre Dupuy hat – aufbauend auf René Girards und Günter Anders' Arbeiten – in diesem Zusammenhang das komplexe philosophische Konzept einer »aufgeklärten Apokalyptik« entwickelt. Girard selbst handelt wie ein aufgeklärter Apokalyptiker im Dupuy'schen Sinne, insofern er uns dazu auffordert, »systemische Übel« zu erkennen und Illusionen, falsche Sicherheiten und nicht funktionierende Rettungsstrategien über Bord zu werfen, um eine echte Veränderung herbeiführen zu können.[15]

Eine erste Illusion besagt, dass die Politik uns retten könnte. Girard ist dagegen überzeugt, dass die »Steigerung bis zum Äußersten« gerade »das Unvermögen der Politik [anzeigt], das reziproke mimetische Anschwellen der Gewalt im Zaum zu halten«.[16] Die Anthropologie werde künftig relevanter als die Politikwissenschaft.

Eine zweite, damit verbundene Illusion besagt, dass rechtliche Regelungen uns retten können. In diesem Zusammenhang weist Girard jedoch darauf hin, dass unser Gesetzessystem im Opfer wurzelt und dessen Schwächung auch das Recht zusammenbrechen lässt. Vor diesem Hintergrund bezweifelt er, dass wir »noch in einer Welt [leben], wo Gewalt dem Recht weichen« würde. Vielmehr sei das Recht »an sein Ende gelangt«.[17] Freilich argumentiert Girard mit dieser Feststellung weder für die Abschaffung des Rechtssystems noch des Rechtsstaates, doch bezweifelt er, dass rechtliche Regelungen *allein* in der Lage sein werden, die gegenwärtigen Herausforderungen zu bestehen.

Eine dritte Illusion besteht nach Girard in der Vorstellung, man könne der Gewalt durch (gewaltbewehrte) Verteidigungsmaßnahmen beikommen. Diese Hoffnung erweise sich vielmehr als fataler Irrtum: »Derjenige, der die Gewalt dadurch zu beherrschen glaubt, dass er Verteidigungsmaßnahmen trifft, wird in Wirklichkeit von der Gewalt beherrscht – dieser Punkt ist eminent wichtig.«[18]

Die vierte Illusion ist der Glaube an die menschliche Autonomie. Im Kontext der mimetischen Theorie erweist sich der Mensch als Wesen, das zutiefst auf andere verwiesen ist, sodass selbst die Introspektion nicht mehr uneingeschränkt für möglich gehalten wird: »Die Wendung in mein eigenes Inneres ist immer schon die Wendung zu einem anderen, zu einem Mittler, der meine Wünsche lenkt, ohne dass ich mir dessen bewusst wäre.«[19]

Und schließlich gilt es, auch noch eine letzte Illusion zu überwinden: den Glauben, man könnte der Mimetik entkommen. Girard selbst räumt ein, dass er zeitweilig dieser Illusion aufgesessen sei, aber in *Im Angesicht der Apokalypse* stellt er schließlich fest:

> Der Mimetik kann man nicht entrinnen, auf gewisse Weise ist man stets in sie verstrickt [...]. Diese Selbstverständlichkeit wurde mir erst nach und nach bewusst. Ich habe das Christentum lange Zeit als einen Beobachtungsposten aufzufassen versucht, musste diese Vorstellung aber aufgeben. Heute bin ich davon überzeugt, dass man von einer Warte aus denken muss, *die im Inneren der Mimetik liegt.*[20]

Nach Girard können die Lösungsstrategien im Blick auf die entfesselte Gewalt und die mimetische Steigerung bis zum Äußersten, welche im ökonomischen Bereich zu einer Externalisierung der Kosten und einer zunehmenden Opferung natürlicher Ressourcen führt, deshalb »keine militärischen oder politischen mehr sein«. Auch rein rechtliche oder defensive Strategien sowie den versuchten Ausstieg aus mimetischen Verstrickungen hält er nicht für zielführend. Vielmehr brauche es »eine neue Ethik«.[21]

Doch wie kommt man zu einer solchen? Girard fordert auf, uns jenem »Ausstieg aus dem [sakrifiziell] Religiösen« zuzuwenden, »der sich nur im Schoße eines entmystifizierten Religiösen [...] vollziehen kann«.[22] Diese entmystifizierte Religion sieht er in einem authentischen Christentum gegeben. Den Weg, den dieses weist, bezeichnet er als Nachfolge Jesu. Jesus nachzuahmen befreit – wie Girard in *Ich sah den Satan vom Himmel fallen wie einen Blitz* von 2002 ausführlich begründet hat – von den Verstrickungen rivalisierender Mimesis, weil Jesus selbst auf jede Form der Gewalt, der Rache oder des Strebens nach Macht und Einfluss verzichtet hat. Nachdem er sich auf diese Weise von seinem Ego frei gemacht hat, um vollkommenes Abbild Gottes zu sein, lädt er uns dazu ein, dasselbe zu tun. In diesem Sinne fordert Girard nichts anderes als eine radikale Konversion, um die Selbstzerstörung der Menschheit zu verhindern.

Der Mehrwert der Mimetischen Theorie

Damit vertritt der ehemalige Agnostiker Girard eine ambitionierte und herausfordernde These. Welchen erkenntnistheoretischen Mehrwert kann sie im Verhältnis zu anderen Zugängen zur gegenwärtigen ökologischen Krise bieten? Dazu zwei exemplarische Positionen:

Wie Girard geht der amerikanische Ökonom Jeffrey Sachs davon aus, dass die Menschheit am Anfang des einundzwanzigsten Jahrhunderts vor einem Abgrund steht – konfrontiert mit riesigen Chancen, aber auch mit nicht minder großen Herausforderungen. In seiner Analyse stimmt er weitgehend mit Girards »apokalyptischer« Sicht überein. Und obwohl in den Ausführungen von Sachs die ökologischen Fragen deutlich mehr im Vordergrund stehen als bei Girard, spricht auch Sachs von einer Verschmelzung der ökologischen und der sozialen Krise. So weist er beispielsweise explizit auf den Zusammenhang zwischen dem durch den anthropogenen Klimawandel verursachten Wassermangel und der damit zusammenhängenden Nahrungsknappheit einerseits und gewalttätigen Konflikten auf der anderen Seite hin.[23] Trotz dieser Parallelen in der Diagnose unterscheiden sich Sachs und Girard in der vorgeschlagenen Problemlösung. Sachs vertraut optimistisch darauf, dass die Menschheit sich selbst retten kann, während Girard das nur unter ganz bestimmten Voraussetzungen –

nämlich der Einsicht in die gefährliche Dimension der Mimesis und der zuvor genannten fundamentalen Umkehr – für möglich hält. Sachs vertraut dagegen allein auf die von ihm vorgeschlagenen rationalen Strategien, die zu »richtigen« individuellen und politischen Entscheidungen führen sollen. Doch: Wenn es sich nur um eine Frage der Rationalität handelt und Lösungsstrategien vorliegen, warum haben wir diese Probleme noch immer nicht gelöst, obwohl sie das Überleben unserer Kinder und Enkel gefährden? Besteht das Problem doch eher darin, dass wir nicht so rational und autonom sind, wie wir das gerne hätten? Wenn das jedoch der Fall ist, gewinnt Girards Hypothese an Plausibilität: Wir haben unsere Probleme noch nicht gelöst, weil wir die falschen Vorbilder nachahmen oder weil wir sie auf die falsche Weise nachahmen.

Der zweite Zugang, der hier kurz erwähnt werden soll, ist jener des deutschen Wirtschaftsethikers Gerhard Scherhorn. Wie Girard problematisiert auch Scherhorn das vorherrschende Wirtschaftssystem und beschreibt die Kapitalakkumulation als eines seiner Hauptprobleme, das Nachhaltigkeit verhindert und zur Externalisierung der Kosten führt. Scherhorn schlägt politische Maßnahmen vor: Er verlangt die Erhaltung der Gemeingüter zur Vermeidung der Kostenexternalisierung und zur Erhaltung von Subsistenzräumen. Darüber hinaus fordert er mehr Verteilungsgerechtigkeit, da soziologische Studien gezeigt haben, wie eine ungerechte Einkommens- und Ressourcenverteilung nicht nur zu Armut und Krankheit führen, sondern auch zu wachsenden sozialen Spannungen, Aggression und Gewalt. Daher scheinen Scherhorn persönliche Bescheidenheit im Konsum, politische Maßnahmen zur Erhöhung der Verteilungsgerechtigkeit, gesetzlich gesicherter Schutz der Gemeingüter und verpflichtendes Recycling von Rohstoffen als geeignete Maßnahmen, um die drohende Krise abzuwenden. Wie Sachs schlägt auch Scherhorn eine politische Lösung vor. Dennoch stellt sich erneut die Frage: Warum wurden diese vernunftgemäßen Maßnahmen noch nicht durchgesetzt? Fehlt es an Rationalität und am Verständnis für politische Mechanismen? Wiederum liegt Girards Diagnose vom »Unvermögen der Politik« als mögliche Antwort nahe.

Im Unterschied zu den beiden genannten Autoren haben die beiden politischen Philosophen Paul Dumouchel und Jean-Pierre Dupuy ein Verständnis der ökonomischen Logik vorgeschlagen, das sich an der mimetischen Theorie orientiert. In ihrem Buch *Die Hölle der Dinge* von 1999 zeigen sie die tieferen Ursachen für die Tendenz der Ökonomie zur ständigen Steigerung auf. Basierend auf dem Axiom der Knappheit besagt die ökonomische Logik, dass Güter und Dienstleistungen nicht in der notwendigen Menge vorhanden sind, um die Bedürfnisse aller Menschen zu befriedigen. Deshalb müsse die Produktion gesteigert werden, um die faktischen Bedürfnisse zu stillen, konfliktträchtige Knappheit zu vermeiden und den Weg zu Frieden und Zufriedenheit zu ebnen. Wenn irgendwann genügend Güter und Dienstleistungen für alle zur Verfügung stehen und die Knappheit endgültig besiegt ist, werden nach dieser Logik automatisch Frieden und Glück herrschen. Dumouchel stellt nun dieses Verständnis von Knappheit infrage, indem er das Phänomen der sozialen Knappheit herausarbeitet.[24] Besonders in jenen Gesellschaften, in denen traditionelle Hierarchien und Ordnungen verschwinden, führen Positionsgüter und Statussymbole neue Differenzen ein. Und aus genau diesem Grund wird im mimetischen Gerangel nach sozialem Status die Kluft zwischen menschlichen Wünschen und verfügbaren Gütern nie geschlossen werden, auch wenn die Produktion ins Unendliche anwachsen würde. In diesem Sinne – so die Argumentation Dumouchels – wird Knappheit nie überwunden werden, im Gegenteil: Sie wird durch Statusgüter laufend neu erzeugt.

Vor diesem Hintergrund wird einsichtig, warum gute Argumente und rationale Strategien zur Verringerung der Externalisierung natürlicher Ressourcen weniger erfolgreich sind, als wir hoffen. Bruno Latour und Ulrich Beck sprechen von einer »großen Kluft zwischen dem Ausmaß des Phänomens [der globalen Erwärmung] und den Denkweisen und Verhaltensänderungen [...], die notwendig sind, um mit dieser Krise umzugehen«.[25]

Conclusio: Auswege aus den apokalyptischen Bedrohungen im Anthropozän

Ein Zusammenhang zwischen der jüdisch-christlichen Tradition und den großen ökologischen Herausforderungen ist nicht von der Hand zu weisen, auch wenn dieser Zusammenhang nicht einfach und einlinig ist. Insofern das Christentum unser Begehren von seinen mythisch-rituellen Fesseln befreit hat, ist es verantwortlich für die gegenwärtige Krise. Doch ist das Christentum nicht nur für die Krise verantwortlich, es birgt – richtig verstanden – in sich zugleich das Heilmittel dafür, einen Weg, mit unserer mimetischen Natur zurechtzukommen, ohne Opfer zu produzieren. Doch ist dieser Weg kein leichter, verlangt er doch, »vollständig auf Vergeltungsmaßnahmen [zu] verzichten und der Steigerung bis zum Äußersten ab[zu]schwören«.[26]

Heute stehen wir am Scheideweg, wobei uns der Weg zurück versperrt ist. Wir können nicht zurück in die Welt der sakrifiziellen Religion und des Sündenbockmechanismus. Wo dies versucht wird, führt es zu einer enormen Vervielfachung der Opfer. Die Massaker und Genozide des zwanzigsten Jahrhunderts legen ein bedrückendes Zeugnis davon ab. Was uns bleibt, ist entweder den Weg des mimetisch entfesselten Begehrens weiterzuverfolgen, ein Weg, der mit großer Wahrscheinlichkeit in die Selbstzerstörung führt. Oder aber wir können uns öffnen für den Weg, den das Christentum (und andere spirituelle Traditionen) anbietet. Dieser Weg beruht auf der Kultivierung einer anderen Art von Erfahrung, bei der das Grundgefühl nicht Trennung, Angst, Mangel oder Knappheit darstellt, sondern universale Verbundenheit, Zugehörigkeit und Überfluss. Diese Erfahrung wird oft als mystisch-spirituelle Erfahrung oder Konversion bezeichnet, auf ihrer Grundlage wird ein neues Lebensmodell möglich. Zwar kann dieser Weg nicht allein durch rationalen Entschluss und Willensstärke eingeschlagen, aber er kann durch eine spirituelle Praxis vorbereitet und erleichtert werden. Deshalb liegt es nahe, dass Christliche Sozialethik – will sie auf die großen Probleme und Herausforderungen der Gegenwart wie die ökologische Krise im Anthropozän antworten – nicht allein auf moralische Appelle oder formal-rechtliche Regelungen setzen, sondern verstärkt auch ihre spirituellen Quellen fruchtbar machen sollte.

In seiner Ökologie-Enzyklika *Laudato Si* weist Papst Franziskus auf die Bedeutung dieser spirituellen Dimension hin, wenn er auf die »spirituellen Wurzeln der Umweltprobleme« aufmerksam macht, welche »uns auffordern, Lösungen nicht nur in der Technik zu suchen, sondern auch in einer Veränderung des Menschen«, da wir anderenfalls »nur die Symptome bekämpfen« würden.[27] Vor diesem Hintergrund legt er uns den jahrhundertealten, reichen Schatz christlicher Spiritualität, individueller und gemeinschaftlicher Erfahrungen ans Herz. Denn, so ist der Papst überzeugt: Es wird nicht möglich sein, sich für große Dinge zu engagieren ohne eine

13 Michael Northcott: »Girard, Climate hange, and Apocalypse.« In: Antonello, Pierpaolo / Gifford, Paul (Hg.): *Can We Survive Our Origins? Readings in René Girard's Theory of Violence and the Sacred.* East Lansing, MI 2015, S. 287–309, hier S. 298. Übersetzung aus dem Englischen durch die Autorin.

14 Vgl. Gilbert K. Chesterton: *Orthodoxy.* Grand Rapids, MI: Christian Classics Ethereal Library: http://www.ccel.org/ccel/chesterton/orthodoxy.pdf (30. 11. 2018), S. 45–49.

15 Vgl. Jean Pierre Dupuy: *A Short Treatise on the Metaphysics of Tsunamis.* East Lansing, MI, S. 58.

16 Girard: *Im Angesicht der Apokalypse,* S. 12 und S. 26.

17 Ebd., S. 190.

18 Ebd., S. 49.

91 Ebd., S. 39.

20 Ebd., S. 148.

21 Ebd., S. 61.

22 Ebd., S. 63.

23 Jeffrey Sachs: *Wohlstand für viele. Globale Wirtschaftspolitik in Zeiten der ökologischen und sozialen Krise.* München 2010, S. 154–175, besonders S. 168–169.

24 Paul Dumouchel: »Die Ambivalenz der Knappheit.« In: Paul Dumouchel und Jean-Pierre Dupuy: *Die Hölle der Dinge. René Girard und die Logik der Ökonomie.* Mit einem Nachwort von René Girard. Münster 1999, S. 175–308.

25 Sabine Selchow: »Die Apokalypse duldet keinen Sachzwang. Ein Gespräch mit Ulrich Beck und Bruno Latour.« In: *faz,* 15. 5. 2014.

»Mystik«, die uns beseelt, ohne »innere Beweggründe, die das persönliche und gemeinschaftliche Handeln anspornen, motivieren, ermutigen und ihm Sinn verleihen«.[28]

Papst Franziskus ist sich also sehr bewusst, dass die Lehre, das rationale Verstehen allein nicht genügt. Deshalb verweist er auf die große »Wolke von Zeugen« (Heb 12,1) für einen alternativen Lebensstil: Spirituelle Meisterinnen und Meister, die uns lehren können, unsere Ängste zu zähmen, unser unendliches Begehren zu lenken und auf Gewalt zu verzichten. Als besonderes Beispiel eines solchen alternativen Lebensstils nennt der Papst in seiner Enzyklika Franz von Assisi, der der Natur mit einer Haltung des Staunens und der Ehrfurcht begegnete, was ihm ermöglichte, ein tiefes Band der Liebe und der Verbundenheit zur ganzen Schöpfung aufzubauen. Immer wenn wir aufhören, der Natur mit dieser Haltung zu begegnen, »wird unser Verhalten das des Herrschers, des Konsumenten oder des bloßen Ausbeuters der Ressourcen sein, der unfähig ist, seinen unmittelbaren Interessen eine Grenze zu setzen. Wenn wir uns hingegen allem, was existiert, innerlich verbunden fühlen, werden Genügsamkeit und Fürsorge von selbst aufkommen«.[29] Diesem letzten Satz kommt im Zusammenhang mit Girard besondere Bedeutung zu, insofern Girard davon ausgeht, dass »innerste Vermittlung« den Weg aus den Sackgassen mimetischer Rivalität weisen kann. Diese »innerste Vermittlung« jedoch beschreibt er als eine »Kette der positiven Entdifferenzierung, die Kette der Identität«.

Nach Papst Franziskus ist die Erfahrung dieser universalen Verbundenheit – mit der ganzen Schöpfung und dem Schöpfer – allein in der Lage, die bodenlose menschliche Sehnsucht, oder mit Girard gesprochen: das »Begehren«, zu stillen. Eine Steigerung bis zum Äußersten durch ungezügelten Konsum wird dazu nie in der Lage sein. Vielmehr führt die Logik der Steigerung nicht nur in die ökologische und soziale Krise, sondern auch zu einem zerstörerischen Verhältnis der Menschen zu sich selbst: zu einer tiefen Unausgeglichenheit, welche »dazu bewegt, alles in Höchstgeschwindigkeit zu erledigen, um sich beschäftigt zu fühlen, in einer ständigen Hast, die sie [die Menschen] wiederum dazu führt, alles um sich herum zu überfahren« – sogar sich selbst.[30] Dagegen schlägt Franziskus »ein anderes Verständnis von Lebensqualität vor und ermutigt zu einem prophetischen und kontemplativen Lebensstil, der fähig ist, sich zutiefst zu freuen, ohne auf Konsum versessen zu sein«. Er lädt ein, »eine alte Lehre anzunehmen, die in verschiedenen religiösen Traditionen und auch in der

Bibel vorhanden ist. Es handelt sich um die Überzeugung, dass ›weniger mehr ist‹«. Denn:

> Die ständige Anhäufung von Möglichkeiten zum Konsum lenkt das Herz ab und verhindert, jedes Ding und jeden Moment zu würdigen. Dagegen öffnet das gelassene Sich-Einfinden vor jeder Realität, und sei sie noch so klein, uns viel mehr Möglichkeiten des Verstehens und der persönlichen Verwirklichung. Die christliche Spiritualität regt zu einem Wachstum mit Mäßigkeit an und zu einer Fähigkeit, mit dem Wenigen froh zu sein. Es ist eine Rückkehr zu der Einfachheit, die uns erlaubt innezuhalten, um das Kleine zu würdigen, dankbar zu sein für die Möglichkeiten, die das Leben bietet, ohne uns an das zu hängen, was wir haben, noch uns über das zu grämen, was wir nicht haben.[31]

Diese Haltung, die von den großen spirituellen Meisterinnen und Meistern des Christentums, aber auch anderer religiöser Traditionen gelehrt wird, ist die Haltung persönlicher wie politischer Liebe.

Das führt uns schließlich zurück zu Girards *Im Angesicht der Apokalypse*: Im Epilog bezeichnet René Girard die Erderwärmung und die Steigerung bis zum Äußersten als unauflöslich miteinander und mit einem Erkalten der Liebe verbundene Phänomene.[32] Wenn die globale Erwärmung und die durch anthropogenen Klimawandel drohenden sozialen und ökologischen Katastrophen tatsächlich mit einem Erkalten der (Nächsten-)Liebe zu tun haben, die sich in unserem fehlgeleiteten mimetischen Begehren, unserem Neid und unserer Angst manifestiert, dann sind tatsächlich jene spirituellen Ressourcen, welche uns die Kultivierung einer Haltung persönlicher wie politischer Liebe ermöglichen, unverzichtbar für das globale Wohl im Anthropozän.

26 Girard: *Im Angesicht der Apokalypse*, S. 18.

27 Franziskus: *Laudato si.* Die Umweltenzyklika des Papstes. Freiburg im Breisgau 2015, § 9.

28 Ebd., § 216.

29 Ebd., § 11. Girard: *Im Angesicht der Apokalypse*, S. 228.

30 Franziskus: *Laudato si*, § 225.

31 Ebd., § 222.

32 Vgl. Girard: *Im Angesicht der Apokalypse*, S. 18.

TIMOTHY MORTON, 1968 geboren, ist Philosoph und lehrte an verschiedenen US-amerikanischen Universitäten, seit 2012 an der Rice University. Seine Forschungsschwerpunkte sind Ökologie und das Verhältnis von Natur und Kultur. Er entwickelte das Konzept der hyperobjects und gilt als einer der radikalsten Denker der Zeit. Auf Deutsch erschien zuletzt sein Grundlagenwerk *Ökologie ohne Natur,* der hier abgedruckte Text ist dem 2020 bei Matthes & Seitz Berlin erscheinenden Essay *Ökologisch sein* entnommen.

TIMOTHY MORTON

Den Tatsachen ins Auge blicken

Wir alle wissen, dass die ökologische Literatur – insbesondere die, die wissenschaftliche Informationen liefert, wie sie vielleicht in Zeitungen, auf jeden Fall aber in Büchern mit Titeln wie dem oben stehenden zu finden sind – sehr viele Fakten aufbieten muss. Eine Menge an *Daten*. Auch wenn man nicht groß darüber nachdenkt – und niemand denkt groß darüber nach –, liegt man sicher richtig in der Annahme, dass diese Daten in der Regel in einem bestimmten Modus dargeboten werden. Der Darbietungsmodus ökologischer Information hat ein gewisses Flair, einen bestimmten Stil – er geschieht in einem bestimmten *Möglichkeitsraum*. Zu meinen Aufgaben als Geisteswissenschaftler gehört es, diese Möglichkeitsräume zu ergründen, insbesondere dann, wenn wir uns ihrer nur vage bewusst sind. Möglichkeitsräume, die uns als solche nicht klar vor Augen stehen, üben unter Umständen alle möglichen Formen von Kontrolle über uns aus, Kontrolle, die wir nicht hinnehmen möchten, oder jedenfalls Kontrolle, über deren Koordinaten wir gerne Bescheid wüssten. Man denke nur über die lange Geschichte des Sexismus oder des Rassismus nach: Beide haben unser Verhalten auf alle erdenklichen Arten, derer wir uns noch nicht einmal bewusst sein dürften, beeinflusst. Und es hat von vielen Seiten viel Zeit und Mühen gekostet, diese auf Vorurteilen beruhenden und als selbstverständlich geltenden Annahmen, Denk- und Verhaltensmuster evident zu machen.

Wie sehen die Gesetze der Schwerkraft im Möglichkeitsraum aus? Wo ist oben, wo unten? Was gilt als falsch, was als richtig? Wie weit kann man in diesem Raum gehen, bevor man in einen anderen Raum eintritt? Wie weit zum Beispiel kann man den Darbietungsmodus ökologischer Information verzerren, bevor sie sich in etwas anderes verwandelt? Mit dieser Frage dürften wir tatsächlich eine gute Methode zur Hand haben, um herauszufinden, was ein Möglichkeitsraum ist; es ist ja auch keine schlechte Idee, Metall zu erhitzen, zu gefrieren, mit Energieimpulsen zu bombardieren, einem Magnetfeld auszusetzen usw., um etwas – das alte Bild vom Biss in die Goldmünze kommt in den Sinn – über seine Beschaffenheit zu erfahren. Das Gleiche gilt für die Künste. Welche Qualität ein Theaterstück hat, lässt sich am besten herausfinden, wenn man es in der Fantasie so weit verbiegt und verdreht, bis es etwas völlig anderes geworden ist. Wie verrückt können die Kostüme sein, bis sie völlig neben der Spur sind, etwa: Würde man Shakespeares *Hamlet* auf dem Jupiter ansiedeln und seine Akteure in Hamsterkostüme kleiden, würde das Stück dann noch als *Hamlet* zu erkennen sein?

Meine Absichten werden vielleicht deutlicher, wenn ich es so formuliere: Dieser Text ist frei von *Faktoiden.* Ein Faktoid ist eine Tatsache, von der wir wissen, dass ihr eine bestimmte Farbe, ein besonderer Geschmack beigegeben wurde, dass sie also wie eine Tatsache aussehen und klingen soll. Sie mag vielleicht sogar wahr sein, zumindest in der einen oder anderen Hinsicht. Und dennoch besitzt sie eine seltsame Qualität. Sie scheint uns zuzurufen: *Schaut, ich bin eine Tatsache! Ihr könnt mich nicht übergehen. Ich bin direkt vom Himmel auf euren Kopf gefallen.* Interessant, eine Tatsache, die eigens dazu ersonnen wurde, den Eindruck zu erwecken, sie sei vom Himmel gefallen. Faktoide sind so konzipiert, dass sie aussehen, wie wir es von Tatsachen erwarten. Wir gehen davon aus, sie sollen so aussehen, als seien sie nicht ersonnen worden. Wenn Faktoide benutzt werden, fühlen wir uns quasi manipuliert von kleinen Bröckchen Wahrheit, die aus einem größeren, wahreren Gebäude herausgebrochen wurden, als seien sie Kuchenstückchen. Nehmen wir zum Beispiel das Faktoid »Es gibt ein Gen für« dieses oder jenes Merkmal. Die meisten Menschen gehen davon aus, dies bedeutet, dass ein Teil ihres DNA-Codes für ein bestimmtes Merkmal verantwortlich ist. Wenn man sich aber eingehend mit Evolution und Genetik befasst, wird man auf die *Tatsache* stoßen, dass es keine *»Gene für« irgendetwas gibt.* Tatsache ist, dass sich Merkmale durch komplexe Reaktionen ausprägen, die zwischen der Expression der DNA und der Umgebung stattfinden, in der die Expression der DNA erfolgt. Nur weil man DNA-Abschnitte besitzt, die mit einem bestimmten Krebs assoziiert sind, heißt dies noch lange nicht, dass man ihn auch bekommt. Wir aber wiederholen allenthalben das Faktoid »Es gibt ein Gen für diesen oder jenen Krebs«.

Wie wir Selbstgespräche über Ökologie führen

In den Medien findet die Darbietung ökologischer Information offenbar meist in einer Form statt, die man als Informationsmüllkippe bezeichnen könnte. Mindestens ein Faktoid – häufig aber eine ganzer Haufen – scheint uns auf den Kopf zu fallen. Und dieses Fallen besitzt eine gebieterische Qualität: Der Darbietungsmodus scheint zu sagen: *Stell dies nicht infrage,* oder sogar: *Du solltest dich mies fühlen, wenn du dies infrage stellst.* Insbesondere der »Informationsmodus der globalen Erwärmung« besteht offenbar darin, uns ganze Wagenladungen an Tatsachen ins Gesicht zu kippen. Weshalb aber? Damit wird nichts anderes gesagt als: Welche Schritte bleiben uns in dem Möglichkeitsraum, der durch den Informationsmodus der globalen Erwärmung konstituiert wird? Was wiederum eine ziemlich komplexe Formulierung der Frage ist: Wie ist das Genre der Information über globale Erwärmung beschaffen? Wo ist oben? Wie sollen wir uns fühlen? Welche Form der Informationsdarbietung würde diesen Modus zerstören? Und so weiter und so fort.

Dass wir keine richtige Antwort auf diese Frage haben – es sei denn, wir würden die globale Erwärmung leugnen –, sollte uns innehalten lassen. Leugner sind ziemlich klar: Dieser Modus versucht mich von etwas zu überzeugen, das ich nicht glauben will. Mir soll eine Überzeugung eingetrichtert werden. Aber: Warum fühlen wir uns nicht alle so? Und wenn wir uns ökologisch rechtschaffen fühlen, halten wir uns von Leuten fern, die glauben, sie werden zugemüllt, damit sie irgendetwas fühlen – plumpe Schuld führt zu plumper Überzeugung, so etwa. Das ist kein Krieg der Überzeugungen – das ist die Wahrheit. Ist das für die Herren Klimaleugner so schwer zu begreifen?

Trotz allem, was uns Faktoide glauben machen wollen, keine Tatsache fällt einfach so vom Himmel. Es braucht eine ganze Umwelt, in der die Tatsache erscheinen kann – andernfalls würde man sie gar nicht sehen können. Widmen wir uns einer Sache, die man als jemand, der im Westen aufgewachsen ist, eigentlich kaum sagen würde: *Die Geister meiner Ahnen sind nicht glücklich damit, dass ich dieses Buch schreibe.* In welcher Welt ergibt eine solche Äußerung Sinn? Was muss man wissen, was darf man erwarten? Was gilt als richtig, was als falsch in dieser Welt? Damit wir wissen, was Realität ist, was als wirklich gilt, als existierend, was als richtig und unrichtig gilt, sind wir auf alle möglichen Annahmen angewiesen. Das Nachdenken über solche Annahmen kann in verschiedenen Formen stattfinden; eine dieser Formen bezeichnet die Philosophie als *Ontologie*, eine andere als *Epistemologie*. Ontologie erforscht, wie die Dinge sind. Epistemologie oder Erkenntnistheorie das, was wir über sie wissen können.

Über die Idee hinaus, dass Tatsachen nur in bestimmten Interpretationskontexten Bedeutung gewinnen, gibt es Fragen, die relativ leicht zu beantworten sind, wenn man sich eingehend mit Kunst, Musik oder Literatur befasst. Etwa: *Was sagt die Methode über die Form aus, in der du die Information lesen sollst? Wie kannst du überprüfen, ob du sie »richtig« erfasst hast?* Ein Renaissancegemälde schaut man nicht von der Seite an. Man stellt sich ziemlich genau gegenüber dem Fluchtpunkt auf, in einer gewissen Entfernung – dann wird die 3-D-Illusion ersichtlich. Das Bild weist eine bestimmte Position zu, das Gedicht möchte auf bestimmte Weise gelesen werden – genau wie eine Cola-Flasche auf eine gewisse Weise gehalten werden »möchte« oder wie ein Hammer im Moment seiner Handhabe in die Hand zu passen scheint. Was manchmal Ideologietheorie genannt wird, handelt meist davon, wie ein Gedicht, ein Gemälde, eine politische Rede, ein Konzept einen bestimmten Umgang erzwingt.

Alle Arten von Ontologie und Erkenntnistheorie (und Ideologie) werden von dem Müllkippenmodus ökologischer Information tangiert, aber wir treten selten einen Schritt zurück, um uns darüber klarzuwerden. Allzu sehr sind wir darauf aus, Müll abzuladen oder uns mit Müll bewerfen zu lassen. Warum? Warum wollen wir nicht einmal innehalten, um uns darüber klarzuwerden? Befürchten wir, etwas herauszufinden? Warum ringen wir die Hände und klagen: *Weshalb nur geht das diesen Klimaleugnern nicht in den Kopf?* Oder: *Weshalb nur kümmert das meinen Nachbarn nicht halb so sehr wie mich?* Der Müllkippenmodus ökologischer Information ist ein Symptom für etwas viel Größeres als das Gefühl, das einen beim Lesen bestimmter Zeitungsmeldungen überkommt.

Wenn wir etwas auf Abstand gehen und diese Fragen anders stellen möchten, dann müssten sie zum Beispiel wie folgt lauten: *Wie halten wir ökologische Daten aus? Können wir damit leben? Wenn nicht, was wollen wir damit anfangen?* Mir geht es darum, wie mit ökologischem Wissen zu *leben* ist. Offenbar reicht es nicht aus, über etwas einfach nur Bescheid zu wissen. Wie ich versucht habe auszuführen, bedeutet »über etwas Bescheid wissen«

anscheinend nicht einfach nur, über etwas Bescheid wissen. Auch »über etwas Bescheid wissen« ist eine Art, die Dinge zu leben. Und wenn man weiß, dass es die eine Art gibt, dann gibt es bestimmt auch noch andere Arten. Wenn man eine Tragödie vor sich hat, kann man sich auch eine Komödie vorstellen. Wenn man in New York lebt, kann man sich auch vorstellen, in einem Nicht-New-York zu leben.

Offenbar gibt es zahlreiche Möglichkeiten, ökologisches Wissen zu leben. Zum Beispiel könnte man ein Hippie sein, was mir nicht ganz unvertraut ist. Hippie zu sein ist eine Lebensweise, die das ganze Leben betrifft, eine Lebenseinstellung. Ist sie aber als Lebensweise zwingend, um ökologisch informiert leben zu können? Man nehme das Internet. Bevor viele Menschen Zugang dazu hatten, gab es zwei, drei Möglichkeiten, mit dem Internet zu leben. Zum Beispiel gab es den amüsierten, verspielten, experimentellen, anarchischen oder libertären Slacker-Modus, bei dem das Internet das Gefühl verleihen sollte, Identitäten seien formbar oder könnten sich verflüssigen. Dann geschah etwas Seltsames. Immer mehr Leute waren im Internet unterwegs und das Internet wurde im Großen und Ganzen zu einem wahrhaftig repressiven und autoritären Raum, in dem man, wenn man nicht einer von drei akzeptablen Meinungen folgte, Gefahr lief, von einem selbstgerechten Twittermob attackiert zu werden, der dem über der Tankstelle in Hitchcocks *Die Vögel* herabstoßenden Schwarm in nichts nachstand. Ich werde hier nicht darauf eingehen, wie und warum dies geschehen konnte, aber es dürfte klar sein, worauf ich hinauswill.

Meine Überlegungen starten mit einem Blick hinter die Kulissen und ergründen, wie wir mit uns selbst über Ökologie sprechen. Wie dies hauptsächlich geschieht, nämlich indem wir uns laufend mit Daten zumüllen, *verhindert* im Grunde einen genuinen Umgang mit dem ökologischen Wissen. Es gibt bessere als die aktuellen Möglichkeiten, mit all diesem Wissen zu leben, und wir *wissen* noch nicht einmal, dass wir bereits danach leben. Wir sind Menschen, die in Gewohnheiten gefangen sind und, ohne es zu bemerken, fortwährend die gleichen Dinge wiederholen. Als stünden wir am Waschbecken und würden uns zwanghaft die Hände waschen, immer und immer wieder, und haben keine Ahnung, was uns dazu gebracht hat.

Manche Tatsachen haben ein Verfallsdatum, insbesondere ökologische, und vor allem die zur Erderwärmung, die notorisch vieldimensional und auf alle möglichen zeitlichen Größenordnungen und alle denkbaren Szenarien hochgerechnet werden müssen. Wenn wir uns jeden Tag oder allwöchentlich mit Daten zumüllen, dann kann dies wirklich verwirrend und beschwerlich werden. Betrachten wir das Ganze aus einem anderen Blickwinkel. Stellen wir uns vor, wir *träumen.* Was wäre das für ein Traum, in dem die Charaktere und der Plot mitunter deutlich variieren, die Gesamtwirkung aber – was der Traum mit uns macht, seine Grundfarbe, sein Grundton, seine Perspektive oder was auch immer – die gleiche bleibt? Es gibt durchaus eine aus der Welt des Träumens stammende Analogie, die traumatischen Träume derjenigen, die an der Posttraumatischen Belastungsstörung (PTSD) leiden.

Ökologische PTSD

In PTSD-Träumen erlebt man in der Vorstellung sein Trauma von Neuem und die Träume haben die hässliche Gewohnheit immer wiederzukehren. Sigmund Freud, der Begründer der Psychoanalyse, fragte sich, warum dies so ist – warum wir Dinge träumen, die für uns offenbar so abträglich sind, und das in einem Traummodus, der in mancher Hinsicht nicht minder abträglich ist –, warum das Trauma uns schockt, uns schreiend und schweißgebadet aufwachen lässt, warum wir es nicht abschütteln können, wenn wir unseren täglichen Geschäften nachgehen usw. Freud argumentierte, dass bei diesem Prozess auch Lust im Spiel sein müsse, da wir uns sonst die Sache nicht antun würden.[1] Es muss, wenn wir uns in der Traumwelt mit traumatischen Daten zukippen, einen Aspekt geben, der lustvoll ist. Falls meine Analogie tragfähig ist, dann bedeutet dies, dass der Informationsmüllmodus, so verwirrend und bedrückend er häufig auch scheinen mag, seine lustvollen Aspekte hat.

Der PTDS-Kranke, so Freud, versucht sich durch seine Träume einfach an einen Zeitpunkt zu versetzen, der vor dem Eintreten des Traumas liegt. Warum? Weil schon das Vermögen zur Antizipation Schutz oder Sicherheit gewährt. Antizipierte Angst ist weit weniger intensiv als die Angst, die man erlebt, wenn man sich plötzlich mitten in einem Trauma befindet. Freud bezeichnet diese Form der Angst als *Schrecken.* Genau betrachtet definiert sich das Trauma als Situation, in der man mittendrin steckt – man kann sich ihm nicht heimlich von der Seite oder von hinten nähern, und genau aus diesem Grunde ist es traumatisch. Man gerät zum Beispiel plötzlich in einen Verkehrsunfall. Wenn man ihn hätte antizipieren können, hätte man ihm womöglich ausweichen können.

PTSD-Träume versuchen eine Blase antizipierender Angst zu erzeugen

(Freud nennt dies »Ängstlichkeit« – was im Rahmen meiner Argumentation ein bisschen verwirrend wäre, so dass ich im Weiteren auf den Begriff verzichte), die das ungefilterte Trauma des Schreckens umgibt. Analog betrachtet bietet der Informationsmüllmodus eine Möglichkeit, sich an einen fiktiven Zeitpunkt zu versetzen, der noch vor dem Einsetzen der Klimaerwärmung liegt. Wir versuchen also etwas, worin wir uns bereits befinden, zu antizipieren.

Etwas tun

Der explizite Inhalt der Daten scheint so dringlich zu sein, als würde er schreien: »Schaut, begreift ihr denn nicht! Wacht auf! Tut endlich was!« Doch *implizit* steht der Modus, in dem wir diese Informationen senden und erhalten, in deutlichem Widerspruch zur Dringlichkeit ihres expliziten Inhalts: »Da kommt etwas, aber es ist noch nicht da. Erst einmal abwarten – orientieren, vorausschauen.« Die Botschaft hat offenbar zwei Gesichter. Eines ist schockierend und bedrängend; das andere ist die Blase, die vor dem Schock schützt. Was bedeutet das? Es bedeutet, dass wir die Daten noch so sehr verfeinern können, uns noch so sehr mit Information zukippen können, und doch wird es am Ende nicht helfen. Man kann einen PTSD-Traum nicht mit dem Schrecken auf eine Linie bringen, den er umzuwandeln versucht. So besehen ist der Modus des Zukippens mit ökologischer Information (der nicht nur die globale Erwärmung betrifft) – und ich sage dies so zugespitzt wie nur möglich – das genaue Gegenteil dessen, was nötig wäre, um zu begreifen, wo wir stehen und warum, *damit wir mit den ökologischen Daten leben können.*

Im Moment sieht es doch so aus, als ob wir nur auf die richtigen Daten warten, Daten, denen gemäß wir unser Leben künftig ausrichten könnten. Aber diese Daten werden niemals eintreffen, schon allein, weil ihr Darbietungsmodus dazu ausgelegt ist, eine angemessene Reaktion zu verhindern – wir befinden uns inmitten schrecklich verwirrender, traumatischer Ereignisse wie der Erderwärmung und des Massenaussterbens und haben doch keine wirkliche Vorstellung, wie wir damit *leben* sollen.

Ist es nicht der PTSD-Modus, der es letztlich so schwierig erscheinen lässt, etwas, irgendetwas zu tun? Fast jede Konferenz zur Umweltforschung, die ich besuche, endet mit einem Gespräch am runden Tisch, in dessen Verlauf sich jemand mit der Frage zu Wort meldet: »Aber was sollen wir denn tun?« Als ob das tagelange besorgte Nachdenken nicht schon eine

Form des »Tuns« ist. »Was sollen wir denn tun?« ist ein Symptom dafür, dass wir uns in einer erschreckenden Situation befinden, erschreckend in dem technischen Sinne Freuds, demzufolge wir realisieren, dass wir ein Trauma durchmachen. Wie bei allen Traumata bemerken wir den Schrecken erst, wenn wir uns schon ein Stück weit in der Erfahrung befinden. Wir wollen das Wesen des ökologischen Notstands, das »Es passiert doch schon«, nicht wahrhaben. Die Frage, die am Schluss des Runden Tischs aufkommt, möchte vorausschauend, antizipierend sein, möchte in Erfahrung bringen, was im Vorhinein zu tun sei. Doch das wird uns nicht gelingen. Denn wir haben den falschen Weg eingeschlagen, in die falsche Richtung geschaut – aus diesem Grunde genau ist ja all dies geschehen. Ökologische Tatsachen berichten momentan überaus häufig von den *unabsichtlichen* Konsequenzen menschlichen Handelns. Genau: Auf einer bestimmten Ebene hatte die überwiegende Mehrheit von uns keine Ahnung, was wir tun. Es ist wie in einem *Film noir,* in dem die Hauptperson entdecken muss, dass sie die ganze Zeit für einen feindlichen Geheimdienst gearbeitet hat.

Ich hege also eine große Sympathie für Fragen wie »Was sollen wir jetzt tun?«, und gerade deshalb weigere ich mich, eine direkte Antwort zu geben. Was Fragen dieser Art fragen und die Art, wie sie es fragen, hat mit dem Bedürfnis zu tun, alle Aspekte der aktuellen ökologischen Krise zu kontrollieren. Dazu sind wir jedoch nicht in der Lage. Das würde nämlich die Fähigkeit erfordern, die Zeit zurückdrehen zu können und zumindest bis ins Jahr 10 000 v. u. Z. zurückzukehren, also bevor der Mensch die landwirtschaftliche Logistik in Bewegung setzte, die schließlich zur Industriellen Revolution, zu Kohlenstoffemissionen und deshalb zur Erderwärmung und zum Massenaussterben führte.

Doch bis zu einem gewissen Grad gibt es für all dies eine einigermaßen wohlwollende Erklärung. Man wird einfach nie zuerst denken und dann handeln. Man kann nicht alles zugleich im Blick haben. Man wurstelt herum und erst dann bekommt man einen Eindruck davon, was eigentlich abläuft, und gelangt zu einer mehr oder weniger präzisen Einsicht in die Dinge. Voraussicht und Planen werden seltsam überschätzt, wie wir inzwischen aus der Neurologie wissen und der Phänomenologie entnehmen konnten. Das hängt damit zusammen, dass wir die Idee des freien Willens überschätzen. Unsere vom Ackerbau geprägten Religionen erklären uns, dass wir eine Seele besitzen, die irgendwo in unserem und zugleich jenseits unseres Körpers angesiedelt ist, und dass diese Seele den Körper lenkt wie ein Wagenlenker seine Pferde (wie der griechische Philosoph Platon im *Phaedros* formuliert). Doch diese Vorstellung hat ihren Ursprung in genau jener Dynamik, die wir als Problem ausgemacht haben. Wir haben angenommen, über den Dingen zu stehen, außerhalb der Dinge oder jenseits davon, und auf sie herabblicken und genau entscheiden zu können, was zu tun sei – und dies haben wir seit 12 000 Jahren auf die eine oder andere Weise getan.

Vielleicht verlangen ökologische Tatsachen, dass wir *nicht* sofort und unmittelbar wissen, was zu tun ist.

Doch es zeigt sich ein Paradox. Das, »was wir tun müssen«, liegt so überaus deutlich auf der Hand: Wir müssen die Kohlenstoffemissionen begrenzen oder völlig einstellen. Wir wissen also ganz genau, was zu tun ist. Warum aber unterlassen wir es? Es gibt herrliche Möglichkeiten, sich aus der Verantwortung zu stehlen. Man kann zum Beispiel das Argument anführen, der Neoliberalismus sei so durchdringend repressiv und allgegenwärtig, dass es einer globalen Revolution bedürfe, um all die Gebilde, die die Atmosphäre mit ihren Kohlenstoffemissionen verschmutzen, die großen Konzerne also, zu zerschlagen. Demnach müsste erst eine gigantische gesellschaftliche Revolution stattfinden, und dann, wenn endlich die richtige Form des zwischenmenschlichen Umgangs gefunden wäre, könnten wir uns der Aufgabe zuwenden, die Emissionen einzudämmen. Handelt es sich hier nicht bizarrerweise um das gleiche Argument, das Indien auf der Klimakonferenz 2009 in Kopenhagen vorgebracht hat, als es anführte, es könne die Emissionen nicht begrenzen, da es zuerst dieselbe »Entwicklung« durchlaufen müsse wie der Westen? Erst wenn das richtige gesellschaftliche Stadium erreicht wäre, könne das Land daran denken, dessen schädliche Aspekte einzudämmen.

Selbst angenommen, diese Strategie würde funktionieren, wäre zu dem Zeitpunkt, an dem das erwünschte Stadium erreicht wäre, die Erde schon längst weggeschmolzen.

Dinge und Datendinge

Die Frage »Was sollen wir tun?« ist bizarr: Es existiert eine ziemlich präzise Handlungsanweisung, doch selbst wenn wir uns darum bemühen, wird sich das, was wir tun, nie und nimmer so anfühlen, als unternähmen wir genau das Richtige. Das ist das Paradoxe daran: Wir wissen, was zu tun ist, *und* werden doch nie in der Lage sein, uns hoch genug über die Welt zu erheben, um zu sehen, wie dieses Tun aussieht. Und es ist sehr seltsam dazu, denn diese beiden Tatsachen gehören zusammen: Wir haben präzise Daten und präzise Lösungen, doch – *und* – dies geht einher mit unserem Unvermögen, vor lauter Bäumen den Wald zu sehen. Immer scheint es zu viele Bäume zu geben.

Übrigens ist das Problem weit »interessanter« (will heißen, schlimmer) als gerade beschrieben. Denn ausnahmslos jedes Handeln unterliegt diesem Paradox. Man sagt zum Beispiel, man »weiß, was zu tun ist«, und es handelt sich um Einzelpersonen oder kleine Gruppen, die, anstatt den weltweiten Kapitalismus zu demontieren oder die Verschmutzungsaspekte moderner Produktionsweisen zu umgehen, ihre Emissionen begrenzen. Man wird niemals imstande sein, im Voraus zu prüfen, ob die eigenen Handlungen die gewünschte Wirkung bringen, und dann weiß man ja, die Erde ist so groß, dass die kleinen Aktionen nicht viel zählen, wenn überhaupt. Tatsächlich sind die individuellen Emissionen statistisch gesehen so gut wie ohne Bedeutung. In Milliarden auftretend allerdings verursachen genau sie die globale Erwärmung. Das sagen die Daten. Gar nichts zu tun, ist jedoch genau das Problem – sich also selbstgefällig zu geben und sich machtlos zu fühlen, wird genauso wenig funktionieren.

Die Frage »Was sollen wir tun?« möchte eine Last abgenommen bekommen. Welche? Sie möchte von der Last der Angst und der Unsicherheit befreit werden. Daten generell, und umso mehr Daten zur Erderwärmung, haben mit Angst und Unsicherheit zu tun. Das liegt daran, dass sie statistischer Natur sind. Man wird niemals beweisen können, dass x tatsächlich y bedingt. Allenfalls kann man sagen, dass dies zu 99 Prozent wahrscheinlich ist. Zum Beispiel werden die Muster, die in der Wolkenkammer des Large Haldron Colliders, des Teilchenbeschleunigers am CERN in Genf, auftreten und als Beleg für das Higgs-Boson dienen, die Existenz dieses Elementarteilchens nicht völlig beweisen können: Dieses »nicht völlig« bezieht sich lediglich auf einen winzigen Bruchteil von einem Zehntelprozent der Wahrscheinlichkeitsspanne. Bei genauer Überlegung ist das besser, als die Dinge einfach zu behaupten, denn damit führt man Dinge der Beobachtung zu, die real sind, und zudem bedeutet es, dass die Behauptung nicht mit der Androhung von Gewalt gleich welcher Art untermauert werden muss. Ein Higgs-Boson existiert, nicht weil der Papst nötigt, daran zu glauben, sondern weil es aufgrund der Muster, die die Physiker in den Daten erkennen können, so gut wie unwahrscheinlich ist, dass es nicht existiert. Genau das tun Wissenschaftler: Sie suchen in den Daten nach Mustern. Nach Mustern Ausschau halten, eine Sache, die sich weit mehr, als man für möglich halten mag, mit der Liebe zur Kunst vergleichen lässt. Mehr dazu später.

Wahrheitlichkeit

Datum heißt einfach »das, was gegeben wird«. Daten (lat./engl. *data*) ist die Pluralform des Supinums von lateinisch *dare,* geben; Aspekte von Dingen, die uns, wenn wir sie beobachten, gegeben werden. Wenn wir eine Waage zur Hand haben, können wir Daten über das Gewicht von Äpfeln sammeln. Haben wir einen Teilchenbeschleuniger, können wir Daten über die Protonen in einem Apfel sammeln. Daten sind nicht das Gleiche wie Fakten und schon gar keine Interpretationen von Fakten. Um eine Tatsache, ein Faktum, zu erhalten, braucht es zwei Dinge: Daten und die *Interpretation* dieser Daten. Dies klingt kontraintuitiv, denn wenn es um Wissenschaft geht, denkt unsere Alltagssprache sehr altmodisch an Fakten. Die Alltagssprache stellt sich Fakten vor wie einen Barcode, wie etwas, das man von den Dingen ablesen kann; als etwas Offensichtliches. Ein wissenschaftliches Faktum aber ist nicht offensichtlich. Und genau deshalb muss man Experimente anstellen, Daten sammeln und diese Daten interpretieren.

Man beachte, dass weder Daten noch Interpretationen die eigentlichen Dinge sind, über die wir Daten sammeln und die wir interpretieren. Ein *Faktoid* ist eine (in der Regel) kleine Datenmenge, deren Interpretation es als wahrhaftig *erscheinen* lässt. Es ist *truthy* (wahrheitlich), um das sinnige Vokabular des amerikanischen Komikers Stephen Colbert und seine Wortparodie *truthiness* (Wahrheitlichkeit) zu verwenden. Es klingt nach Wahrheit, oder wie Wissenschaftler mitunter sagen, es ist »wahrheitsähnlich«.

Ein Faktoid ist wahrheitsähnlich, weil es mit dem, was unseres Erachtens eine Tatsache ausmacht, übereinstimmt. Und aufgrund des Szientismus, der verbreiteten Überzeugung, dass uns die Wissenschaft nach Art einer Religion etwas über die Welt erzählt, sind wir der Auffassung, dass Fakten völlig einfach und unmittelbar sind, dass sie aus den Dingen selbst rühren. Der Szientismus ist der Kultus des Faktoids. Faktoide setzen eine gewisse Geisteshaltung voraus, die in der Annahme besteht, die Dinge selbst seien mit einer Art Barcode versehen, der uns unmittelbar – das heißt ohne die Vermittlung einer vom Menschen vorgenommenen Interpretation – mitteilt, was sie sind. Wahrheitlich erscheint uns das, was ohne Vermittler auskommt und unverfälschte Daten bietet. Aber Daten sind keine Fakten – noch nicht. Und ökologische Daten sind so komplex und handeln von derart komplexen Phänomenen, dass es schwierig ist, sie zu Tatsachen zu machen, und schwieriger noch, diese Tatsachen zu leben, anstatt immer nur in die Litanei jener wahrheitsähnlichen Faktoide zu verfallen, die den Inhalt der PTSD-Träume bilden, denen wir uns immer wieder hingeben. Ein aufgebrachtes »Seht ihr denn nicht!« liegt in der Art, wie diese Wahrheitlichkeit funktioniert. Doch »sehen« ist offenbar genau das, was wir diesen Daten nicht angedeihen lassen.

Ich fürchte also, dass die Welt der Wissenschaft eigentlich unstet und ungewiss ist. Und jeder Versuch, totale Gewissheit zu erlangen, endet damit, nicht in einer von der Wissenschaft geprägten Epoche leben zu wollen. Uns mit Daten zuzuschütten, selbst wenn wir die Erderwärmung für real halten, wird uns niemals die Befriedigung zuteilwerden lassen, auf die wir aus sind. Wir speien die Daten aus, hören auf sie, als ob diese Befriedung damit möglich wäre, und das ist das Problem. Wir stecken in den Anfangsstadien eines Traumas fest, eines Traumas, das, wohlgemerkt, noch im Gange ist, dessen Schmerzhaftigkeit auf der Hand liegt, falls überhaupt Interesse daran besteht. Als ob man versucht, einen PTSD-Traum zu träumen, just während man das Trauma erleidet, als ob man schlafen gehen und träumen könnte, dass man das herankommende Auto genau in dem Moment antizipieren könnte, in dem der Aufprall erfolgt. Sieht man denn mit diesem Bild vor Augen nicht, dass die Art, in der wir uns meistens von Nachrichten, Pressekonferenzen, Tischgesprächen und Büchern wie dem vorliegenden in Beschlag nehmen lassen, alles andere als hilfreich ist?

Werden planetare Syndrome wie die Erderwärmung abgeleugnet, verrennen wir uns schnell in Faktoide. Wir verschwenden eine Menge Zeit, indem wir uns an ihnen aufreiben oder mit ihnen argumentieren, mit Faktoiden, die nichts mit Daten oder der Auslegung von Daten zu tun haben. Verfallen wir in diesen Modus – seien wir nun Leugner oder in der Diskussion mit ihnen –, heulen wir den falschen Mond an. Wahrheitlichkeit ist eine Art Reaktion, wie eine Blase, auf das echte Problem, nämlich, dass wir in einer modernen Wissenschaftsära leben, die von einer grundlegenden Kluft zwischen den Daten und den Dingen gekennzeichnet ist. Es gibt keinen Zugriffsmodus, mit dem sich all die Qualitäten und Kennzeichen eines Dings erschöpfend ausloten ließen. Deshalb sind die Dinge offen, sie entziehen sich dem totalen Zugriff. Allein mit dem Denken wird man nicht in der Lage sein, alles, was einen Apfel ausmacht, zu umgreifen, da man doch versäumt, ihn zu schmecken. Aber auch der Biss in einen Apfel kann nicht alles einfangen, was ihn ausmacht, da man verabsäumt, wie ein Wurm einen Gang in ihn zu bohren. Und so ähnlich verhält es sich auch mit dem Bohren. In all diesen Fällen erhält man keinen Apfel an sich, sondern Daten über den Apfel. Man bekommt einen Apfel-Gedanken, einen Apfel-Biss, ein Apfel-Wurmloch. Einem Diagramm, das durch Zeiten und Räume hindurch jeden denkbaren Zugriff auf den Apfel verzeichnet – angenommen, es ließe sich verfertigen (was unmöglich ist) –, würde jener Apfel fehlen, den ein weniger vollständiges Diagramm erfassen würde. Und in beiden Fällen hätte man keinen Apfel, sondern ein Apfeldiagramm. Natürlich gibt es Apfel-Daten: Äpfel sind grün, rund, saftig, süß, knackig, voller Vitamin C; sie tauchen in der Schöpfungsgeschichte als der unseligste Imbiss der Menschheitsgeschichte auf, in anderen Geschichten stehen sie auf dem Kopf eines Knaben und warten auf den Pfeil, der sie durchlöchert ... bei keinem dieser Attribute handelt es sich um einen Apfel an sich. Es gibt eine grundlegende Kluft zwischen dem Apfel und seiner Erscheinung, seinen Daten, und zwar dergestalt, dass man ungeachtet jeder noch so gründlichen Erforschung des Apfels diese Kluft nicht durch einen Fingerzeig lokalisieren könnte: Es ist eine *transzendentale* Kluft.

Die transzendentale Kluft zwischen Dingen und Ding-Daten zeigt sich deutlich, wenn wir uns die *Hyperobjekte,* wie ich sie gerne nenne, näher anschauen. Dinge also, die sehr groß und, wie man sagt, in Raum und Zeit »verteilt« sind – die also wie die globale Erwärmung während vieler Jahrzehnte oder Jahrhunderte (oder sogar Jahrtausende) und auf der ganzen Erde stattfinden. Es sind Dinge, die unmöglich mit einem Fingerzeig auf einmal zu erfassen sind. Solche Phänomene (Evolution, Biosphäre, Klima usw.) liefern uns einen Schlüssel dafür, wie die Dinge sind, und zwar, unserer modernen Betrachtungsweise zufolge, alle Dinge: ein Löffel, ein Teller Rührei, ein geparktes Auto, ein Fußballfeld, eine Wollmütze. Auf keines dieser Dinge lässt sich direkt zeigen. Wenn man die Wollmütze spürt, dann spürt man ihre Wolligkeit – man bekommt Mützen-Daten vermittelt, nicht die eigentliche Mütze. Wenn man die Mütze auf den Kopf setzt, gebraucht man oder greift man auf die Mütze in bestimmter Weise zu, aber der Zugriff ist niemals vollständig. Wenn die Mütze auf dem Morgenspaziergang in der kalten Luft langsam den Kopf wärmt, verschwindet sie gewissermaßen – man ist damit beschäftigt von A nach B zu gelangen, fühlt sich inzwischen wohlig und warm, die Mütze hat ihre Aufgabe erfüllt, sodass man sie nicht mehr wahrnimmt. Diese Eigenschaft der Dinge, dass sie gewissermaßen verschwinden, wenn sie in unserer Welt ordentlich funktionieren, sollte auf ihr eigentliches Wesen verweisen. Dinge sind vollkommen anders geartet als Ding-Daten. Wenn man auf seine Mütze oder auf eine Fotografie seiner Mütze blickt, dann hat man einen Mützen-Anblick oder ein Mützen-Foto und nicht die eigentliche Mütze vor sich.

Ein Mützen-Faktoid gibt vor, tatsächlich eine Mütze zu sein. Dabei ist ein Mützen-Faktoid lediglich eine bestimmte Interpretation von Mützen-Daten, die vorgibt, keine Interpretation zu sein. Diese Erscheinungsweise der Wahrheit ist eigentlich schon lange nicht mehr zeitgemäß, von heute gesehen schon über 200 Jahre nicht mehr. David Hume, der im achtzehnten Jahrhundert wirkende große schottische Philosoph, stellte fest, dass es, um den Dingen wirklich auf den Grund zu kommen, nicht reicht, einfach den Deckel der Daten anzuheben und darunterzuschauen. Und Immanuel Kant, Humes im späten achtzehnten Jahrhundert wirkender unmittelbarer Nachfolger, erklärte, warum das so ist: Es liegt an der grundlegenden Kluft, von der ich bereits gesprochen habe, an der Kluft zwischen Dingen und Daten. Ökologische Dinge sind überaus komplex, mit vielen beweglichen Teilen, sind weit über die Erde und in der Zeit verteilt und anderes mehr. Es liegt also auf der Hand, dass man nicht einfach unter die ökologischen Ding-Daten spähen kann. Ein Versuch wäre verwirrend.

Unsere Perspektive in das Bild einbringen

Das Ableugnen der Erderwärmung ist im Grunde eine andere Art, sich der Moderne zu verweigern. Es gibt etwas an der Moderne, über das wir lieber nicht so genau Bescheid wissen möchten: Kant und Hume haben darüber gesprochen. Daten sind unstet, Daten sind keine Dinge und Daten sind alles, was man bekommt. Ich frage mich bisweilen, ob Roger Waters, der Bassist und Texter von Pink Floyd, eine Reinkarnation von David Hume ist. In dem Song »Breath« aus dem Album *The Dark Side of the Moon* singt die Band Zeilen, die auch Hume hätte ohne Weiteres schreiben können: »All you touch and all you see / Is all your life will ever be«.[2] Genau so verhält es sich. Man kriegt die Dinge nicht direkt zu fassen, will heißen, ohne Hände und Augen samt ihren Erweiterungen, also ohne experimentelle Apparaturen, Thermometer, Labore und einem Begriff davon, was wissenschaftliche Fakten sind. In einem wissenschaftlichen Zeitalter zu leben bedeutet witzigerweise, dass man zunehmend mitbekommt, wie sehr man in seine Erfahrung eingeschweißt ist.

»Natürlich« bedeutet »habituell«

Die Dichter der Romantik, die etwa in der Zeit von Hume und Kant lebten, begriffen dies rasch. Sie realisierten, dass sich die Dinge, wenn man ihnen wirklich nahe kommt, »aufzulösen« beginnen. Ebenso ließe sich sagen, dass, wenn man einen normierten Bezugsrahmen verlässt, die Fremdheit der Dinge, nämlich keinen direkten Zugriff auf sie zu haben, überaus augenfällig wird. Sagen wir, man untersucht, ausgestattet mit Geologenhammer und Lupe, eine Felswand. Dabei ist man dem Felsen bei Weitem näher, als jemand, der lediglich eine Bildpostkarte betrachtet. Der Betrachter der Ansichtskarte ist sich ziemlich sicher, was er sieht. Bildpostkarten haben ihren Ursprung in einer Zeit, die noch vor der Romantik lag, und in der dem Ideal des Pittoresken (engl. *The Picturesque*) gehuldigt wurde. Im Pittoresken ist die Welt so gestaltet, dass sie wie ein Bild aussieht, so als wäre sie bereits von einem Menschen interpretiert und dargestellt worden. Man kann leicht ersehen, wie das aussieht: Im Hintergrund ein Berg, ein See, im Vordergrund vielleicht ein Baum. Lustigerweise ist dieses klassische pittoreske Bild, wie ich es gerade beschrieben habe, im Allgemeinen das Lieblingsbild eines jeden Menschen, eines jeden Menschen auf diesem Planeten; und vielleicht ist seine Allgegenwärtigkeit der Grund, warum es von vielen für kitschig oder zu offensichtlich gehalten wird. Komisch ist zudem, dass das Bild in seiner Anordnung in etwa dem entspricht, was die Menschen vor Millionen Jahren in der Savanne gesehen haben. Ein Gewässer in der Nähe zu haben und etwas Schatten (die besagten Bäume) und sicher von Bergen umschlossen zu sein, von denen, wie man annehmen kann, das den See speisende Wasser kommt, ist ziemlich komfortabel, wenn man ein Urmensch ist. Dem Pittoresken unterliegt eine fundamentale, auf den Menschen zugeschnittene Sichtweise der Dinge: Es ist *anthropozentrisch.*

Doch der Blick auf den Berg aus nächster Nähe ist eine völlig andere Sache. Angenommen, man ist ein Dichter oder Wissenschaftler der Romantik und macht sich auf, in dieses Bild hineinzuwandern, in diese »Landschaft« – in dieses Landschaftsbild –, dann wird die Bildeigenschaft der Landschaft sich in Luft auflösen. Man ist also dem Felsen bald ganz nah und auf die Pelle gerückt. Er ist nicht mehr länger ein hübscher Hintergrund für die paläolithischen Unternehmungen eines Urmenschen. Der Felsen mutet nun ziemlich seltsam an. Man sieht alle möglichen Kristalle, Kurven und Formen, die in der regulären Welt, in der wir uns bewegen, keine große Relevanz besitzen. Vielleicht entdeckt man Fossilien – offenbar haben andere Lebensformen den Felsen anders als man selbst benutzt. Vielleicht entdeckt man auch ein Nest, das ein Vogel in eine Felsspalte gebaut hat. Man stellt bald fest, dass all dies nichts mit der Welt, wie man sie kennt, zu tun hat. Es fühlt sich wie ein Jetlag an. Wenn man an einem sehr weit entfernten Ort ankommt, fühlt man sich aufgrund der einfachen Tatsache, dass man sich an dem Ort nicht, oder noch nicht, heimisch fühlt, ein bisschen durch den Wind (oder ziemlich durcheinander). Tatsächlich ist man völlig übermüdet und die innere Uhr ist aus dem Takt, selbst die Zeit ist nicht mehr die gewohnte. Die Zeit hört auf, die annehmliche neutrale Box zu sein, in der man vor sich hinlebt, ohne sie groß wahrzunehmen, und auf den Wecker wartet oder auf den Kalender sieht, damit man weiß, was man wann zu tun hat. Die Zeit hört auf zu sein, was sie ohnehin nicht ist, sie hört auf, eine menschliche Interpretation der Zeit zu sein. Interpretation meint dabei nicht einfach nur »gedankliche Beschreibung«. Interpretation umfasst die ganze Riege von Möglichkeiten, in denen man auf eine Sache zugreifen und sie benutzen kann. Die Art, wie man auf einen Apfel zugreift, liefert einem wohlgemerkt nicht den Apfel selbst, sondern Apfel-Daten. Selbst das Essen des Apfels gibt einem nur Apfelbissen, nicht aber den Apfel in seiner ganzen mannigfachen Glorie. Wie gerne unterhalten wir uns über Musikinterpretationen. Das heißt nicht einfach nur über Musik nachzudenken, sondern Musik auch tatsächlich zu *spielen,* sie auszuführen. Die Dirigentin des Berliner Symphonieorchesters »interpretiert« eine Partitur, indem sie ihre Arme in der Luft auf und ab bewegt und die Musiker dazu veranlasst, die musikalischen Linien auf gewisse Weise zu »interpretieren«. So dargestellt wird die Sache ziemlich offensichtlich. *Eine Ausführung einer Sache ist nicht die Sache selbst.*

Da steht man also mit Geologenhammer und Spezialkamera und ist auf die Tatsache gestoßen, dass das Behämmern und das Fotografieren von Dingen nicht die Dinge selbst sind. Die pittoreske Welt zeigte sich so konsistent, dass man darüber vergaß, dass auch das »Pittoresk-Machen« eine Ausführung von Dingen wie Seen, Bäumen und Bergen ist. Man glaubte, etwas unmittelbar zu sehen, etwas, was man wahrscheinlich als Natur bezeichnet. Natur bedeutet, dass man sie vergessen kann, einfach, weil sie funktioniert. In diesem Tenor sprechen wir auch über die »menschliche

Natur«. »Es liegt in meiner Natur, ich kann nicht anders.« »Sein Verhalten war ganz natürlich.«

Und so sprechen wir auch über nicht-menschliche »Natur«: Darin besteht der ganze Sinn einer Unterhaltung über das Wetter, die man an einer Bushaltestelle mit einem Unbekannten führt. Man findet ein gemeinsames Thema in einer Sache, die neutral erscheint, die einfach funktioniert und deshalb einen Hintergrund für Interaktionen schafft. Doch die globale Erwärmung nimmt uns diese vermeintliche Neutralität wie übereifrige Bühnenhelfer, die Kulissen wegschieben, während das Stück noch im Gange ist.

Der wissenschaftliche Blick auf die Dinge, aus der Nähe mit einem Hammer und einem Fotoapparat, bedeutet also nicht, dass man die Natur »sieht«; auch sie wird noch interpretiert – mit einem menschengemachten Werkzeug und einem menschlichen Ansatz. Ökologisch zu denken bedeutet, diese Vorstellung von Natur loszulassen – das klingt unglaublich, aber nur weil wir uns so sehr daran gewöhnt haben, in bestimmter Weise auf Dinge wie Seen, Bäume, Kühe, Schnee, Sonnenschein oder Weizen zuzugreifen, sie auszuführen oder anderweitig zu »interpretieren«.

Die romantischen Dichter kamen dahinter, dass man, wenn man »wissenschaftlich« wird – in der Art, wie ich es gerade beschrieben habe –, wenn man gegenüber Daten aller Art offen ist, und sich nicht nur an Klischees hält, sich auch auf seine »Erfahrungen beziehen« muss. Man schreibt also Gedichte über das Erlebnis, einem Felsen zu begegnen und wie seltsam dies eigentlich ist. Man kann sogar noch etwas weiter gehen und ein Gedicht über das Schreiben eines Gedichts schreiben, das von dem Erlebnis handelt, einem Felsen zu begegnen. Das ist absolut nicht unwissenschaftlich. Denn so werden Daten lebbar. Man stellt fest, dass man Teil der Interpretation ist, die Kunst wird also »reflexiv« – sie beginnt, über sich selbst zu sprechen. Dieses Niederknüppeln – dieses ganze Zukippen mit Information – ist also gerade nicht der Weg, wissenschaftliche Daten zu leben. Doch als Vorgehen zeugt es von unserem Versuch, die Fremdheit aufzuheben, die mit dem Leben in einem wissenschaftlichen Zeitalter einhergeht. Es ist unsere Reaktion auf die Unmenge an Information, die wir erhalten, auf die Dinge, die wir entwerfen und schaffen, auf das Abgeschnittensein von der Natur und Ökologie, das wir fühlen, und auch auf die Panik, die wir erleben, oder die Hilflosigkeit, die wir empfinden, wenn wir etwa über die Erderwärmung nachzudenken beginnen. Wenn man mit einer Mentalität antritt, die davon ausgeht, das Wesen der ökologischen Information bestünde darin, andere Menschen mit Faktoiden zuzumüllen, dann wird man den reflektierenden Modus nicht erreichen.

Die breite Masse der Ökoliteratur, die wir oft als »dem Umweltschutz verpflichtet« bezeichnen, ist grob gesprochen im Modus der Informationsvermüllung angelegt. Sie setzt auf »Wahrheitsähnlichkeit«, um den Leser mit einer Art pittoresker Natur in Kontakt zu bringen – ich gebe das Wort unterstrichen wieder, um daran zu erinnern, dass es sich dabei nicht um Bäume und Kaninchen handelt, sondern um ein Konzept, eine Interpretation. Witzigerweise kann vertrackte, schräge, womöglich postmoderne Kunst weit mehr mit dem Leben in einem wissenschaftlichen Zeitalter mithalten, als die sentimentalen »offensichtlichen« Hochglanzfotos von majestätischen Großkatzen oder üppigen Regenwäldern, wie wir sie aus Kalendern kennen. Ökologische Tatsachen zu leben ist schwierig: Vielleicht verlangen ökologische Fakten, dass wir nicht gleich »wissen«, was zu tun ist. Oder um es zugespitzter zu formulieren: Vielleicht setzen sie sogar voraus, dass wir nicht gleich wissen *sollen,* was zu tun ist. Dem füge man noch die Tatsache des Anthropozentrismus hinzu – ziemlich lange haben wir Sachen so entworfen, interpretiert und ausgeführt, dass immer sichergestellt war, dass der Mensch an der Spitze oder im Zentrum aller Existenzbereiche, psychischer, philosophischer wie gesellschaftlicher, stand. Ökologische Fakten handeln von den unbeabsichtigten Konsequenzen des Anthropozentrismus. Weil also ökologische Fakten von uns handeln, von unserer Art und unserem Tun und Handeln, sind sie aus der Entfernung schwierig zu sehen und an sich schwierig zu schlucken. Von sich selbst Abstand zu gewinnen und sein Handeln und seine Sichtweise zu hinterfragen, gehört zu den schwierigsten Dingen überhaupt.

Wer davon überzeugt ist, dass die Wirkungen der menschengemachten Kohlenstoffemissionen real sind, sollte gegenüber den Leugnern der Erderwärmung nicht so hart auftreten. Er hat nämlich mehr mit ihnen gemeinsam, als man glauben mag. Sie mit Fakten, die als Faktoide daherkommen, niederzumachen, ist genau der Modus, in dem sie sich auch befinden und der dazu dient, sich der Befremdlichkeit des modernen wissenschaftlichen Zeitalters zu entziehen. Man bekämpft Feuer mit Feuer, oder besser Feuer mit kaltem Wasser, denn in Faktoiden zu reden heißt so viel wie kaltes Wasser auf das Feuer des zeitgenössischen Wissens zu gießen, eines Wissens, das sich durch so viele unserer Annahmen und Gewissheiten brennt.

Wie aber sieht dann die ökologische Realität aus? Zur Beantwortung dieser Frage müssen wir uns des grundlegendsten ökologischen Tatbestands überhaupt annehmen, des Tatbestands nämlich, dass die Lebensformen miteinander verbunden sind. Diese anscheinend auf der Hand liegende Tatsache ist bei Weitem seltsamer, als man denkt.

[...]

Objektorientierte Ontologie

Ich hänge einer als *objektorientierte Ontologie* (OOO) bekannten philosophischen Richtung an, die behauptet, dass alles, was existiert, in vieler Hinsicht wie ein schwarzes Loch ist: ein Gummiball, ein Gefühl, ein Satz über ein Gefühl, ein Gedanke zu einem Satz, der Klang dieses Satzes, wenn er von einem Computer gesprochen wird, die Mattscheibe des Computers, der Strand, von dem der Sand stammt, aus dem die Scheibe gemacht ist, Meereswellen, Salzkristalle, Wale, Quallen und Korallen. Es gilt, die Phänomene zu studieren, die diese Dinge emittieren – der philosophische Begriff lautet *Phänomenologie* – weil man der Dinge an sich niemals wird habhaft werden können. Keine Zugriffsmethode wird erschöpfend funktionieren: Denken, mit Scheren durchbohren, essen, ignorieren, ein Gedicht schreiben, darüber krabbeln (wenn man eine Fliege ist), kicken (wenn man ein Fußballspieler ist), fressen (wenn man ein Hund ist), strahlen (wenn man ein Gammastrahl ist).

Die objektorientierte Ontologie wurde von Graham Harman, einem amerikanischen Philosophen formuliert, der sich fragte, wie die Philosophie Martin Heideggers (ungeachtet dessen, was Heidegger selbst dazu sagt) eigentlich funktioniert. Die OOO behauptet, dass es keinen vollständigen Zugang zu einer Sache in ihrer Ganzheit gibt.[3] Mit Zugang ist jegliche Form gemeint, in der ein Ding erfasst werden kann: es streifen, darüber nachdenken, es lecken, ein Bild davon malen, es essen, ein Nest darauf bauen, in Stücke sprengen ... OOO geht zudem davon aus, dass das Denken nicht der einzige Zugangsmodus ist und dass es keinesfalls der Hauptmodus ist – einen vorrangigen Zugangsmodus gibt es nicht. Mit diesen beiden Einsichten bekommen wir eine Welt, in der der Anthropozentrismus unmöglich ist, und zwar, weil das Denken so lange extrem eng mit dem Menschsein korreliert war und ein sinnvoller Zugang zu anderen Dingen meist nur dem Menschen gewährt war. OOO bietet uns eine wunderbare Welt der Schatten und versteckten Winkel, eine Welt, in der die Dinge niemals gänzlich vom ultravioletten Licht des Denkens bestrahlt werden können, eine Welt, in der etwa ein Dachs, der beschnüffelt, was auch immer man als Mensch nachdenklich betrachtet, einen ebenso validen Zugang zu diesem Ding hat wie man selbst.

Ich glaube, dass die objektorientierte Ontologie in einer Epoche, in der wir zu einem viel größeren Wissen über Ökologie gelangt sind, überaus nützlich ist. Unter anderem stellt sie das Denken, insbesondere das menschliche Denken, nicht als speziellen Zugangsmodus heraus, der dem Wesen der Dinge wahrhaftig auf den Leib rückt. OOO ist bestrebt, jenen Anthropozentrismus loszuwerden, der behauptet, dass der Mensch den Mittelpunkt von Bedeutung und Macht (und Ähnlichem) bildet. In einer Ära, in der wir die Wichtigkeit anderer Lebensformen zumindest anerkennen müssen, könnte dies von Nutzen sein. Vielleicht nimmt sich unsere Gleichgültigkeit – der Umstand, dass wir uns nicht allzu sehr (oder stets) für ökologische Fragen interessieren (möchten) – in unseren Köpfen wie eine einzigartige Lebensform aus, die eine Art mietfreies Leben gewährt. Vielleicht könnten wir aus dem Studium jener wolkigen, den Gummiball der Taubheit enthaltenden Sphäre weit mehr Informationen über Ökologie und ökologische Politik, Kunst, Philosophie und Kultur ziehen, als wenn wir versuchten, diesen Ball aufzuknacken. Vielleicht verfügen wir ja bereits über all das, was erforderlich ist, um es mit dem ökologischen Zeitalter aufzunehmen. Vielleicht besteht das eigentliche Problem darin, dass wir uns ständig einreden, wir bedürften einer völlig neuen Sicht auf die Dinge, da doch das ökologische Zeitalter eine Art Apokalypse bedeutet, in der unsere vertraute Welt völlig aus den Fugen geraten ist. Ist aber diese neue Sicht- oder Seinsweise wirklich ökologisch oder ist sie nur ein Retweet jenes aus Ackerbaukulturen hervorgegangenen Monotheismus, der uns vor allem in diese Situation gebracht hat? Und wenn die Landwirtschaft für die globale Erwärmung und das Massenaussterben mit verantwortlich ist (was der Fall ist), wäre es da nicht besser, keine monotheistische Sprache, keinen monotheistischen Bezugsrahmen zu verwenden? Wäre es da nicht besser, mit dem Predigen, dem Schämen und der Schuld aufzuhören, jenen integralen Bestandteilen der theistischen Lebensauffassung, die mit dem Ackerbau entstanden sind?

All das sind lediglich Fragen. Bitte beachten Sie sie nicht allzu sehr. Beobachten Sie beim Lesen jedes aufkommende Schuldgefühl. Immerhin ist Schuld eine individuelle Größe. Doch als Individuum hat man an der

Erderwärmung absolut keine Schuld. Das stimmt – man darf sich hier aus jeder Verantwortung entlassen, denn das allmorgendliche Anlassen des Verbrennungsmotors in Ihrem Fahrzeug ist für die Erderwärmung statistisch gesehen unerheblich. Paradox ist nur, dass die Menschheit, wenn wir solche Aktionen aufsummieren und jedes Anlassen eines Motors seit der Erfindung der Verbrennungsmaschine mit einberechnen, die Erderwärmung verursacht. Dass Großkonzerne diese Wirkung haben, liegt auf der Hand. Die von ihren Angestellten ausgehenden Effekte sind statistisch gesehen jedoch bedeutungslos. In etlichen tausend Jahren werden wir als Individuum absolut keine Rolle mehr spielen. Doch was wir getan haben, wird enorme Konsequenzen haben.[4] Das ist das Paradox des ökologischen Zeitalters. Und deshalb müssen die Aktionen zur Abwendung der globalen Erwärmung massiv und kollektiv erfolgen.

Was aber ist die globale Erwärmung überhaupt? Die korrekte Antwort darauf lautet: *Massenaussterben.* Dies wird unser nächstes Thema sein.

Aus dem Englischen von Dirk Höfer

1 Sigmund Freud: »Das Unheimliche.« In: Ders. *Gesammelte Werke.* Bd. 12. Werke aus den Jahren 1917–1920,Frankfurt a. M. 2006.

2 Pink Floyd: »Breathe«, *The Dark Side of the Moon* (EMI, 1973). [Auf Deutsch etwa: Was du berührst und was du siehst, ist alles, was das Leben dir jemals bieten wird.]

3 Graham Harman hat wunderbar klare Bücher geschrieben, darunter *Heidegger Explained: From Phenomenon to Thing*, Chicago (Open Court) 2007, worin prägnant aufgezeigt wird, dass Heidegger eigentlich ziemlich leicht zu verstehen ist. Heidegger würde schlicht behaupten, dass *Sein nicht Präsenz* ist.

4 Derek Parfit: *Reasons and Persons.* Oxford 1984, S. 355–7, hier: S. 361.

ANDREAS LANGENOHL, geboren 1970, ist Professor für Soziologie mit dem Schwerpunkt allgemeiner Gesellschaftsvergleich an der Justus-Liebig-Universität Gießen. Er beschäftigt sich mit der Epistemologie der Sozial- und Wirtschaftswissenschaften, Transnationalismusforschung, Finanz- und Wirtschaftssoziologie sowie Sozial- und Kulturtheorie. Zu seinen Publikationen zählen *Finanzmarkt und Temporalität* (2007), *Tradition und Gesellschaftskritik* (2007), *Town Twinning, Transnational Connections and Trans-local Citizenship Practices in Europe* (2015).

Katastrophenkapitalismus

ANDREAS LANGENOHL

Einleitung: Eine unerbetene Mitteilung zur Zukunft

An einer roten Fußgängerampel – ich war auf dem Weg zu ›meiner‹ Bank – raunte mir neulich ein Unbekannter zu, dass »alles schon gelaufen« sei. Die Klimakatastrophe sei praktisch schon eingetreten, weil die bisherige, nicht mehr rückgängig zu machende Umweltverschmutzung eine positive oder auch nur erträgliche Zukunft bereits verstellt habe. Klimakriege und gewaltsame Konflikte um Ressourcen und erträgliche Lebensbedingungen seien zu erwarten. Einzig die Eliten hätten Vorsorge getroffen, auch in einer solch düsteren Zukunft sich Existenz und Lebensstandard zu sichern. Die Ampel sprang auf Grün, und wir gingen unserer Wege.

Verschwörungstheorie? Oder ein Versuch, eine akteurielle Dimension an eine Analyse heranzutragen, die sich, zumal in der Wirtschaftssoziologie, häufig auf recht abstrakte, scheinbar nur systemisch einfangbare Prozesse bezieht? Es lohnt jedenfalls der Versuch, Finanzmärkte und ihre Folgen für den Umgang der Gesellschaft mit dem, was sie als ›Natur‹ betrachtet, einmal diesseits ihrer Systemizität und ihrer Automatismen, die zweifellos relevant sind, zu betrachten. Dies soll hier stichwortartig anhand folgender vier analytischer Register geschehen: Finanzmärkte und ihre (Nicht-)Steuerung als Angelegenheit, die von professionellen Milieus wahrgenommen wird; Finanzmärkte und ihre (Nicht-)Steuerungslogik vis-à-vis dem Projektcharakter des politischen Systems; die Logik der Versicherung als spezifischer Zugriff auf Ungewissheit; und neuartige Verstrickungen von Finanz- und produktionsbasierter Wirtschaft in der Gegenwart am Beispiel von *disaster bonds.*

1. Finanzmilieus und Finanzmarktsteuerung

Laut Max Weber entwickelt der Kapitalismus, ist er erst einmal zu der entscheidenden Referenzgröße unternehmerischen Handelns, d.h. zu einer signifikanten Umwelt sämtlichen Wirtschaftens geworden, eine nicht bremsbare Eigendynamik, »bis der letzte Zentner fossilen Brennstoffs verglüht ist«. Zugleich stand Weber einer politisch-rechtlichen Steuerung des Kapitalismus reserviert gegenüber: In seinen Schriften zur Börse lehnt er eine rechtliche Regulation von Finanzmärkten explizit ab und möchte sie lieber in die »großen Hände« der Händler- und Investorenmilieus geben.[1]

Dieses Argument ist letzthin von Aaron Sahr dahin gehend kritisch kommentiert worden, dass die Finanzwirtschaft in der Tat durch eine Milieusozialität eine neue Art des Kapitalismus – den Keystroke-Kapitalismus – möglich gemacht hat, eine Wirtschaftsform also, in der Geldschöpfung primär durch Vergabe von Krediten seitens Geschäftsbanken, also ›per Tastendruck‹ stattfindet. Durch die Bildung einer Art funktionalen Vertrauens innerhalb dieses Milieus werden Zahlungen und Profite selbst dann möglich, wenn offenbar wird, dass der Geldwert durch nichts als Vertrauen gedeckt ist; es gibt einen Willen zum Vertrauen, der funktionales Misstrauen in den Gegenwert von Kreditinstrumenten, wie etwa rigorose Bilanzprüfungen, systematisch aushebelt. Dies schuf, wie Sahr argumentiert, die Voraussetzungen für eine gigantische Kreditgeldblase, die letztlich in der jüngsten Weltfinanzkrise kulminierte.[2]

Die politische Verarbeitung dieser Weltfinanzkrise, so hat Carola Westermeier am Beispiel der Europäischen Währungsunion gezeigt, hat nicht wirklich dazu geführt, diese Konstellation zu ändern. Die politische Bedeutung von Regulation wurde stattdessen von einer Einschränkung allzu waghalsiger Finanzmanöver umgedeutet in die politische Pflicht, Liquidität an Märkten zu sichern. Dies wurde bewerkstelligt durch eine politische Autorisierung von FinanzmarktexpertInnen, die die Milieustrukturen des Finanzwesens – nicht nur Banken und Versicherungen, sondern auch Regulationsgremien (wie die Bank für Internationalen Zahlungsausgleich) und Ministerien – zumindest nicht schwächte, wahrscheinlich eher stärkte.[3] Es ist vielleicht nicht übertrieben, mittlerweile von einer Regulierungsindustrie zu sprechen, die zunehmend in der Lage ist, ihre eigenen Legitimitätskriterien zu definieren. Zu Webers Argument der internen Regulation durch ein Finanzmilieu – das schon seinerzeit in Gegensatz zu seiner Verfallsdiagnose eines ungehemmten Kapitalismus stand – tritt somit eine neoliberale Auffassung von Regulation als Aufgabe, Marktverkehr zu sichern und zu ermöglichen, nicht ihn einzuschränken.

2. Nachhaltigkeit vs. Finanzlogik

Solche kritischen Stimmen bezüglich einer Selbststeuerung von Finanzmärkten durch Finanzmilieus ignorierend, wurden durch politische Initiativen, die nachhaltiges Wirtschaften befördern möchten – beispielsweise im Rahmen der »Energiewende« – neue Märkte etabliert, die die Umwelteffekte wettbewerbsmarktgetriebener Wirtschaftsweisen in Kostenfaktoren übersetzen sollen, welche Unternehmen dann in ihre Kostenkalkulationen übernehmen sollen. Das Paradebeispiel hierfür sind CO_2-Märkte: Durch die Etablierung von Märkten für Emissionsrechte sollen Unternehmen angehalten werden, umweltschonend zu produzieren, um ihre nicht genutzten Emissionsrechte gewinnbringend weiterverkaufen zu können.[4]

Schon auf der Grundlage simpler neoklassischer Modellannahmen ist indes nicht davon auszugehen, dass hierdurch schädliche Emissionen wirkungsvoll gesenkt werden können. Je mehr solcher Rechte auf Börsen angeboten werden, desto geringer ist ihr Wert, bis es irgendwann nicht mehr lohnt, umweltschonend zu wirtschaften. Solche Märkte sind daher kein wirklich berechenbares Profitfeld für Unternehmen, und schon deswegen ist es unwahrscheinlich, dass sie auf der Grundlage der vagen Hoffnung auf dauerhafte Verkaufserlöse ihre technischen Produktionsmittel kostenintensiv auf Nachhaltigkeit umstellen.

In allgemeinerer Weise konfligiert zudem die ökonomische Profitmaximierungslogik mit einer politischen Projektlogik. Im Vergleich zu den minutiös berechneten Investitionschancen und -risiken der Märkte, die jede noch so kleine ökonomische oder politische Wendung als ›Information‹ in sich aufnehmen und in Form von teils sehr kurzfristigen Investmententscheidungen verarbeiten, ist das projektierte 2-Grad-Ziel der Vereinten Nationen endlos weit entfernt und

1 Max Weber: »Die protestantische Ethik und der Geist des Kapitalismus.« In: ders.: *Gesammelte Aufsätze zur Religionssoziologie*, Bd. 1, Tübingen 1988, S. 17–206, hier: S. 203 (zuerst 1920); Max Weber: *Die Börse. In: Gesammelte Aufsätze zur Soziologie und Sozialpolitik*. Tübingen 1988, S. 256–322 (zuerst 1894/95).

2 Aaron Sahr: *Keystroke-Kapitalismus. Ungleichheit auf Knopfdruck*. Hamburg 2017.

3 Carola Westermeier: *Political Security and Financial Stability following the Crisis: Actors and Epistemologies of Financial Governance*. Dissertation Universität Marburg 2018 (noch unveröffentlichtes Manuskript).

4 Lisa Knoll: »Die Kontinuierung des Emissionshandels. Ein öffentlicher Kompromiss und seine Bruchstellen.« In: Andreas Langenohl, Dietmar J. Wetzel (Hg.): *Finanzmarktpublika. Moralität, Krisen und Teilhabe in der ökonomischen Moderne*. Wiesbaden 2014, S. 53–73.

5 Andreas Langenohl: »Temporale Paradoxa von Wettbewerb und Nachhaltigkeit: Ein Scheitern der Gouvernementalität.« In: Sebastian Giacovelli (Hg.): *Die Soziologie der Energiewende*. Wiesbaden 2017, S. 45–63.

6 Andreas Langenohl: *Finanzmarkt und Temporalität. Imaginäre Zeit und die kulturelle Repräsentation der Gesellschaft*. Stuttgart 2007.

7 François Ewald: *Der Vorsorgestaat*. Mit einem Essay von Ulrich Beck. Frankfurt a. M. 1993 (zuerst 1986).

8 Gustav Peebles: »Inverting the panopticon: Money and the nationalization of the future.« In: *Public Culture*. Vol. 20, Iss. 2 (2008), S. 233–265.

unendlich vage.[5] In gewisser Weise kopiert diese notwendig unscharfe politische Projektlogik das aus der Fundamentalanalyse bekannte Argument, dass Märkte ›langfristig‹ Rahmendaten der produktionsbasierten Wirtschaft in sich aufnehmen und in diesem Sinne an die ›Realwirtschaft‹ gekoppelt bleiben – denn so stellt man sich auch die Anpassung der Produktionswirtschaft an reale Umweltveränderungen vor. Und sie übernimmt ebenso die Impotenz dieses Arguments, das nicht zeigen kann, wann und wie genau sich eine solche Angleichung von Finanzmärkten an ›reale‹ Daten – etwa solche zu klimatischen Veränderungen – ereignen wird. Ebenso wie die ›langfristige‹ Sicht auf Finanzmärkte allenfalls der Rationalisierung dient, aber tatsächliches finanzwirtschaftliches Handeln nicht wirklich anleitet[6], hat die Anvisierung nachhaltigen Wirtschaftens auf Klimamärkten in erster Linie eine rationalisierende, um nicht zu sagen ideologische Funktion, die die alltäglichen Mechanismen der Risikoanalyse, kraft der Finanzmärkte jedes langfristige Projekt durch extrem kurzfristige Investitionen klein arbeiten und in seinem Projektcharakter unterwandern, nicht zur Kenntnis nehmen kann.

Dieses Beispiel zeigt, dass die Finanzwirtschaft die Szenarien *anderer* gesellschaftlicher Praxisfelder – vor allem desjenigen der Politik, aber auch der Zivilgesellschaft – in einer ihrer eigenen Profitlogik geschuldeten Weise aufgreift und reformuliert, die das Zusteuern auf eine Zukunft, die mehr wäre als eine bloße Fortschreibung der Gegenwart, unterminiert.

3. *Versicherungen und wechselnde Ungewissheiten*

Das Versicherungswesen blühte im Zuge der Industrialisierung im Europa des 19. Jahrhunderts auf, als die Risiken großtechnischer Produktionsanlagen und Infrastrukturen (etwa Eisenbahnen) ein Ausmaß erreichten, welches von einem einzelnen Unternehmen im Schadensfalle nicht hätten getragen werden können. Die Industrialisierung stellte auch den Rahmen für eine staatliche Aneignung der Versicherungslogik, beispielsweise in Form von gesetzlichen Kranken- und Rentenversicherungen. Sie brachten eine neue Form politisch-ökonomischer Subjektivität bzw. ein neues Verständnis von Staatsbürgerschaft hervor – nämlich eine Staatsbürgerschaft, in der politische Loyalität und staatliche Vorsorge eine Verbindung eingingen.[7] So dienten Versicherungen – wie auch staatliche Bankinstitute wie etwa Sparkassen[8] – dazu, den Blick der BürgerInnen in puncto ökonomischer Lebensplanung auf das politische Zentrum, den Staat, zu lenken.

Das Versicherungswesen hat indes auch eine Genealogie in die Finanzwirtschaft hinein. Schon das Lehrbuchwissen, dem auch Max Weber folgte, geht davon aus, dass Finanzmärkte ökonomische Risiken bündeln, handelbar machen und auf diese Weise unternehmerisches Handeln ermöglichen. Gemäß dieser klassischen Argumentation können Ungewissheiten bezüglich der zukünftigen Entwicklung von Marktpreisen für herzustellende Güter – etwa der Preis für Getreide bei der Ernte, d. h. dann, wenn alle Investitionen in seinen Anbau schon getätigt sind – durch spezifische Finanzinstrumente aufgefangen werden. Das geschieht etwa durch den Erwerb einer Verkaufs-›Option‹, die in der Zukunft berechtigt, eine bestimmte Menge des produzierten Guts zu einem schon in der Gegenwart festgelegten Preis zu verkaufen. Auf diese Weise können Optionen als Versicherungen gegen Preisverfall genutzt werden.

Die Beziehung zwischen Versicherungen und der Finanzwirtschaft reicht jedoch weiter als diese scheinbare Verfügbarmachung des Finanzmarkts für Geschäfte der Produktivwirtschaft. Sie impliziert, so Luis Lobo-Guerrero, auch die Formierung einer spezifischen Form finanzieller Subjektivität innerhalb eines Milieus von Produzenten und Händlern – eine ökonomisch-unternehmerische »form of life«.[9] Diese Lebensform entwickelt sich bereits im 13. Jahrhundert im Kontext von Fernhandelsversicherungen und antizipiert moderne finanzielle Formen darin, dass sie nicht länger die Kontingenzen natürlicher Unbillen oder göttlicher, unergründlicher Ratschlüsse akzeptiert, sondern vielmehr daran arbeitet, diese schieren Ungewissheiten in ökonomisch fungible Ungewissheiten zu transformieren. Am Beispiel der Entstehung der Fernhandelsversicherung macht Lobo-Guerrero exemplarisch deutlich, wie durch diese Arbeit am Ungewissen die Rolle des Versicherers als eines Dritten zwischen Produzent und Händler emergiert. Da die Kirche eine direkte Absicherung von Handelswegrisiken (Stürme, Piraten etc.) zwischen Produzent und Händler in die Nähe einer Kreditvergabe und damit des Wuchers rückte – der Produzent konnte dem Händler keine Prämie für dessen Übernahme des Risikos zahlen, eben weil dieses Risiko eine zeitliche Strecke zwischen Gegenwart und Zukunft umschrieb, über die einzig Gott verfügte – entstand die Rolle des Versicherers als einer Partei, die mit der Beziehung zwischen Produzent und Händler nichts zu tun hatte – und gerade deswegen Händler in ihren Geschäften und ihrer »form of life« entscheidend begünstigte.

Diese Argumentation erweitert die oben besprochene Rekonstruktion der Milieugebundenheit des Finanzhandels um eine Facette, weil sie zeigt, in welchem Maße Versicherungsinstrumente an der Konstitution unternehmerischer Praxisformen beteiligt sind, die die Ungewissheit der Zukunft in einen Vermögenswert verwandeln. Dies zeigt sich vor allem, und dramatisch, in Finanzinstrumenten, die sich mit Blick auf eine katastrophische Zukunft formieren.

4 Katastrophenkapitalismus

Die politische Ökonomie und auch die Wirtschaftssoziologie diskutieren seit Langem die Frage, in welchem Verhältnis Finanz- und produktionsbasierte Wirtschaft stehen. Dabei überwiegt seit den 1990er-Jahren klar die Diagnose, dass die Finanzwirtschaft durch eine Entkopplung von der Profitmaximierungslogik der ›Realwirtschaft‹ gekennzeichnet sei.[10] Je nach kritischem Willen gibt dies den einen Anlass zu einer Kritik des »Kasinokapitalismus« und der »Entstofflichung« der Wirtschaft, während andere nüchtern konstatieren, dass die besondere symbolische Natur von Finanzprodukten diese nicht zum Konsum, sondern zur Zirkulation prädestiniere. Eine solche Sichtweise verbindet sich auf quasi natürliche Weise mit der oben geführten Argumentation, dass Finanzmärkte langfristige Problematiken nachhaltigen Wirtschaftens konterkarieren, weil ihre Profitlogik auf die momentane Ausnutzung von Marktchancen ausgerichtet ist.

Allerdings führt diese Entkopplungsthese unter Umständen zu einer einseitigen Sicht auf die Dynamiken, die die Finanzwirtschaft mit der produktionsbasierten Wirtschaft verbinden. So wird neuerdings darauf hingewiesen, dass die Finanzwirtschaft insofern auf den Rest der Ökonomie bezogen sei, als sie eine nicht mehr wegzudenkende »Infrastruktur« darstelle, über die nicht nur Investitionsrisiken gemanagt, sondern ebenso triviale wie existenzielle Prozesse wie beispielsweise Zahlungen abgewickelt würden.[11] Die Entkopplungsthese gilt somit in erster Linie für die Frage der *Schöpfung* ökonomischen Werts, die in der Tat in der Finanzwirtschaft signifikant anders verläuft als in der produktionsbasierten Wirtschaft; sie gilt nicht unbedingt für die *Verwaltung* wirtschaftlichen Werts, wo eher von einem Ineinandergreifen produktionsbasierter und finanzieller Prozesse auszugehen ist. Im Sinne einer These möchte ich zum Ende dieses Aufsatzes hin argumentieren, dass sich das Verhältnis von Finanz- und produktionsbasierter Wirtschaft wiederum anders darstellt, wenn man weder auf Schöpfung noch auf Verwaltung, sondern auf die *Vernichtung* ökonomischen Wertes blickt.

Wie in dem Theorem der »zweiten Moderne« zum Ausdruck gebracht, bringt die industrielle Produktionsweise mittlerweile ihre eigenen Risiken hervor, die die Zugewinne an Kontingenzkontrolle, welche industrielles gegenüber agrarischem Produzieren versprach, konterkarieren und aufheben.[12] Und exakt diese Risiken, die nicht zuletzt die Gestalt zunehmend dramatischer klimatischer Ereignisse annehmen, bilden ein Schmiermittel der heutigen Finanzwirtschaft. Durch industrielle Produktion hervorgerufene Umweltschädigungen laden dazu ein, Katastrophenszenarien zu erstellen, die die Matrix der Bewertung von Finanzprodukten wie *disaster bonds* bilden. *Disaster bonds* sind börsengehandelte Finanzinstrumente, die aus Komponenten von Versicherungen gegen zukünftige Katastrophen – darunter zunehmend klimatisch bedingte Katastrophen wie Fluten oder Dürren – zusammengesetzt sind.[13] Ähnlich wie Fernhandelsversicherungen einen Einsatz auf die Differenz von Eintreten und Ausbleiben einer handelsbezogenen Gefahr darstellten, sind *disaster bonds* letztlich eine Wette auf Eintreten oder Ausbleiben größerformatiger Schadensfälle. Der Unterschied ist allerdings, dass diese Schadensfälle in einem kausalen Zusammenhang mit der modernen Produktionsweise stehen – ohne massive Umweltschädigungen, die von der produktionsbasierten Wirtschaft ebenso hervorgerufen sind wie sie negativ auf sie zurückschlagen können – gäbe es vermutlich auch keine *disaster bonds*. Es wäre daher, wie gesagt, einseitig zu argumentieren, wie es die politische Ökonomie und die Wirtschaftssoziologie seit einiger Zeit tun, dass sich Finanzmärkte von der produktionsbasierten Wirtschaft entkoppelt hätten. Denn stattdessen sieht man, dass die produktionsbasierte Wirtschaft gerade in ihren wert*vernichtenden* Aspekten – nämlich der Vernichtung der Lebensgrundlage der Bewohner*innen dieses Planeten – zur neuen Basis von Finanzmärkten wird.

Wenn man das Argument Adornos akzeptiert, dass das

9 Luis Lobo-Guerrero: *Insuring Security. Biopolitics, Security and Risk*. London / New York 2011.

10 Manuel Castells: *The Information Age. Economy, Society and Culture. Vol. 1. The Rise of the Network Society*. Malden / Oxford 1996; Susan Strange: *Casino Capitalism*. Oxford 1986; Mathias Albert, Lothar Brock u. a.: *Die neue Weltwirtschaft. Entstofflichung und Entgrenzung der Ökonomie*. Frankfurt a. M. 1999; Karin Knorr Cetina: »Economic Sociology and the Sociology of the Finance.« In: *Economic Sociology. The European Economic Newsletter*. Vol. 8, Iss. 3 (2007), S. 4–10; Andreas Langenohl: »Sources of financial synchronism. Arbitrage theory and the promise of risk-free profit.« In: Christian Klöckner und Stefanie Müller (Hg.): *Financial Times. Special issue of Finance & Society*. Vol. 4, Iss. 1 (2018), S. 26–40.

11 Chris Muellerleile: »Calming Speculative Traffic. An Infrastructural Theory of Financial Markets.« In: *Economic Geography*, Vol. 94, Iss. 3 (2017): https://doi.org/10.1080/00130095.2017.1307100 (15. 11. 2018)

12 Ulrich Beck, Anthony Giddens, Scott Lash: *Reflexive Modernization. Politics, Tradition and Aesthetics in the Modern Social Order*. Cambridge / Oxford 1994.

13 Arjun Appadurai: *The Future as Cultural Fact. Essays on the Global Condition*. London / New York 2013.

14 Benjamin Lee, Edward LiPuma: *Financial Derivatives and the Globalization of Risk*. Durham / London 2004; Elena Esposito: *Die Zukunft der Futures. Die Zeit des Geldes in Finanzwelt und Gesellschaft*. Heidelberg 2010.

Katastrophale in der Fortschreibung der Gegenwart besteht und nicht so sehr, wie es Risikomodellierungen wollen, in einem möglichen Eintreten katastrophaler Ereignisse in der Zukunft, könnte man sagen, dass Finanzmärkte weniger eine ›catastrophe in the making‹ bewirken als vielmehr bereits diese Katastrophe *sind* – oder sie zumindest bezeugen. Oft hat man gesagt, Finanzmärkte handelten mit der Zukunft.[14] Ich würde dieses Argument dahin gehend zuspitzen, dass das Beispiel der *disaster bonds* eine ambivalente, und darin profitable Bezugnahme auf die Zukunft zu erkennen gibt, die zwischen Versicherung und Spekulation oszilliert: Besteht die Logik der Versicherung in der Erwartung oder der Hoffnung, ein unerwünschtes Ereignis möge nicht eintreten, könnte man Spekulation so definieren, dass sie erwünschte Ereignisse versucht herbeizuhandeln. Und hierin mag man eine neue Komplizität zwischen Spekulation und den umweltschädigenden Auswirkungen der industriellen, kapitalistisch organisierten Produktionsweise sehen, die die Wahrscheinlichkeit des Eintretens spekulativ erwünschter katastrophaler Umweltereignisse dramatisch erhöht.

KEVIN LIGGIERI, geboren 1986 in Wuppertal, ist DFG-Forschungsstipendiat an der Professur für Wissenschaftsforschung der ETH Zürich. Seine Forschungsschwerpunkte sind Begriffsgeschichte, Technikanthropologie, Kulturphilosophie und Wissenschaftsgeschichte. Zu seinen wichtigsten Publikationen zählen: *Zwischen Mensch und Technik. Zur Kultur- und Begriffsgeschichte der Anthropotechnik* (2019), *Zur Domestikation des Menschen. Anthropotechnische und anthropoetische Optimierungsdiskurse* (2014), *Vom Wissen um den Menschen. Philosophie, Geschichte, Materialität* (2018, zusammen mit Julia Gruevska), *Mensch-Maschine-Interaktion. Handbuch zu Geschichte – Kultur – Ethik* (zusammen mit Oliver Müller, 2019).

KEVIN LIGGIERI

Der Mensch zwischen Tier und Maschine? Zur Geschichte der Anthropotechnik

I. Der Philosoph im Supermarkt

Als der Karlsruher Philosoph Peter Sloterdijk Ende der 1990er-Jahre einen französischen Supermarkt aufsuchte, um für seine Katze Essen zu kaufen, machte er eine für ihn folgenschwere Entdeckung. Die Aufschrift des Katzenfutters irritierte und faszinierte ihn zugleich: »produit felinotechnique«. Anders als mit dem unendlich prosaischen deutschen Äquivalent »Katzenfutter« war mit dem französischen Ausdruck »technique« eine Fülle an ›technischen‹ Zugriffen vorstellbar, die Sloterdijk offenbar nachdenklich machten. Aus diesem prägenden Supermarkterlebnis wurde, nach Sloterdijks eigenem Bekunden, sein Begriff der Anthropotechnik geboren.[1] So wie Katzen und Hunde als Konsumenten ›caninotechnischer‹ oder ›felinotechnischer‹ Produkte angesprochen würden, so könne man auch den Menschen als Rezipienten ›anthropotechnischer‹ Angebote verstehen.[2] In dieser Anekdote wird deutlich, dass im Begriff der Anthropotechnik Mensch und Tier auf gewisse Weise zusammenrücken.

Sloterdijk war allerdings keineswegs der Erfinder des Begriffes Anthropotechnik. Zweifellos aber war er mit seinem Buch *Regeln für den Menschenpark* (1999) im deutschsprachigen Wissenschaftsraum sein Popularisator. Die Bedeutung, die Sloterdijk diesem Begriff gab, akzentuiert die Anwendung der Technik auf den Menschen – also einen züchtenden Zugriff des Menschen auf sich selbst.[3] Damit ist der Begriff nicht einfach deskriptiv, sondern immer schon projektiv. Um die großräumige Wirkungskraft des Schlagwortes Anthropotechnik zu erfassen, muss jedoch neben der sloterdijkschen Auslegung, die den Begriff in den Geisteswissenschaften nach 2000 anschlussfähig gemacht hatte, auf seine Geschichte eingegangen werden. Bei Sloterdijk nämlich gehen die Brüche und Heterogenitäten verloren, die transnational orientierte begriffsgeschichtliche Überlegungen aufzeigen können.

Die folgenden Fallbeispiele aus (Sowjet-)Russland und Deutschland sollen zeigen, dass sich der Begriff der Anthropotechnik und die ihm verbundenen anthropologischen, philosophischen, eugenischen, humanwissenschaftlichen und technischen Diskurse gegenseitig bedingen. Anthropotechnik stellt sich dabei zugleich als produktiv und konstitutiv für Optimierungsvorstellungen heraus. Der Betriff beschreibt zwar ganz allgemein eine Anwendung der Technik auf den Menschen selbst, zeigt jedoch historisch und national gravierende Modifikationen und Unterschiede. Unterschiede, die bei einem kurzen Supermarkt-Besuch natürlich nicht ins Auge fallen, sondern einer differenzierteren Untersuchung bedürfen.

Durch die mehrdeutige Verbindung von *ánthrōpos* und *téchne,* welche so intuitiv wie fragwürdig anmutet, gelingt es dem Begriff, verschiedene Aspekte des Verhältnisses von Mensch, Tier und Maschine genau zu erfassen: Er kann eine andere Geschichte der klassischen Eugenik erzählen, er kann Visionen von Mensch- und Tierzüchtung abseits eines Vererbungsdiskurses neu zusammendenken und ihm gelingt es, Mensch-Technik-Komplexe über rein biotechnische Diskurse hinaus zu etablieren. In diesem Sinne verweist Anthropotechnik – durch seine im Französischen bestehende begriffliche Nahtstelle zur *zootechnie* (Tierzucht) – auf die Verbindung zur Tierzucht, zur Anthropologie, zur Philosophie, aber auch zur Technik.

Die Begriffsgeschichte der Anthropotechnik ist damit nicht nur eine Arbeit am epistemischen Rand der Menschenoptimierung, sondern gibt exemplarisch Aufschluss über Ausformungen nationaler Ideologien, Vorstellungen und Praktiken sowie deren Übersetzungen. Mit dieser Begriffsgeschichte lassen sich Züchtungsverfahren, die sich zwischen einer gewollten genetischen Mutation und einer künstlichen Befruchtung verorteten, ebenso verbinden wie eine Anpassung von technischen Geräten an den Menschen. An diesem Begriff wird sichtbar, wie sich Konzepte von menschlicher Optimierung veränderten und welche verschiedenen heterogenen Stränge und Netzwerke sich zwischen Theorie und Praxis sowie zwischen Mensch, Tier und Maschine in unterschiedlichen nationalen und historischen Wissensformationen entfalteten.

II. Von Affen und Maschinen

Im Folgenden möchte ich zwei wissensgeschichtlich erhellende Episoden aus der Frühgeschichte der Anthropotechnik rekonstruieren. Diese Episoden stellen unglaubliche, schockierende und problematische Optimierungsvisionen des Menschen zwischen Tier und Technik dar. Es ist eine Geschichte von Affen und Maschinen – *und* dem Menschen, der irgendwie zwischen beiden steht. Diese eigenartige Verflechtung, in der sich der Begriff Anthropotechnik ganz praktisch materialisierte, soll in zwei Etappen untersucht werden. Die erste beschreibt die Verwendung des Begriffs im Sinne von Menschenzüchtung im russischsprachigen Raum der 1920er-Jahre. Im zweiten Schritt soll darüber hinaus die begriffliche Umdeutung dargestellt werden, die Anthropotechnik im deutschen Sprachraum ab 1960 im Sinne einer Mensch-Maschine-Anpassung erfuhr. Während im ersten Fall der Mensch zwecks Optimierung technisiert wird, wird im zweiten Fall Technik anthropologisiert.

Noch vor dem Auftreten der russischen ›Antropotechnika‹ erlebte Anthropotechnik in der zweiten Hälfte des 19. Jahrhunderts in Frankreich ein begriffshistorisches Präludium. Vorbedingung dieser Verbreitung war die Übertragung des Züchtungsmodells, das Charles Darwin und Francis Galton evolutionstheoretisch begründet hatten, vom Tier auf den Menschen. Damit eröffnete sich nicht nur eine Verschiebung der Wissensordnung im 19. Jahrhundert, da man nun praktisch auch den Menschen als Material beschreiben und formen konnte, sondern auch ein bestimmter Deutungsrahmen zwischen Zoologie und Anthropologie – und somit auch zwischen Zootechnik (Tierzucht) und Anthropotechnik (Menschenzucht). Es war nun möglich, Mensch und Tier plastisch zusammenzudenken und unter dem Fokus einer wissenschaftlichen Technik modellierbar erscheinen zu lassen.[4] Auf dieser epistemischen Grundlage bediente sich die sowjetische Genetik der Anthropotechnik allerdings nicht nur als eines Konzepts der Experimentalpraxis (u. a. der künstlichen Befruchtung), sondern mehr noch als einer

1 Peter Sloterdijk: »Menschenverbesserung: Philosophische Stichworte zum Problem anthropologischer Differenz.« In: Urs Baumann (Hg.): *Was bedeutet Leben?* Frankfurt a. M. 2008, S. 149–165, hier S. 155.

2 Ebd.

3 Peter Sloterdijk: *Regeln für den Menschenpark*. Frankfurt a. M. 1999, S. 41; Ders.: *Du musst dein Leben ändern*. Frankfurt a. M. 2009, S. 25.

4 Francis Galton beispielsweise schreibt mit Blick auf eine materielle Modellierung: »The power of man over animal life, in producing whatever varieties of form he pleases, is enormously great. It would seem as though the physical structure of future generations was almost as plastic as clay, under the control of the breeder's will.« Francis Galton: »Hereditary Talent and Character.« In: *Macmillan's Magazine* 12 (1865), S. 157–166, 318–327, hier S. 157.

5 Vgl. Kevin Liggieri: »Von der ›Menschen-zucht‹ zur ›Menschenbehandlung‹. Zur Begriffsgeschichte der ›Anthropotechnik‹.« In: *Archiv für Begriffsgeschichte* 57 (2016), S. 235–258.

6 Aleksandr Serebrovskij: »Anthropogenetik und Eugenik in der sozialistischen Gesellschaft.« In: *Mediko-Biologisches Journal* 5 (1929), S. 3–19. In: Ludger Weß (Hg.): *Träume der Genetik. Gentechnische Utopien von sozialem Fortschritt*, 2. Aufl., Frankfurt a. M. 1998, S. 120–129, hier S. 124. Genauer Liggieri: »›[A]n der Front des Kampfes um den Menschen selbst‹. Anthropogenetik und Anthropotechnik im sowjetischen Diskurs der 1920er Jahre.« In: *Berichte zur Wissenschaftsgeschichte* 39 (2016), S. 165–184.

Möglichkeit, jenseits der westlich-kapitalistischen Wissenschaft eigene praktisch ausgerichtete Forschungen zur Eugenik beizutragen.[5]

Auf diese sowjetischen Experimente der 1920er-Jahre möchte ich genauer eingehen, da hier der Begriff Anthropotechnik nicht nur eine diskursive, sondern auch eine politische und praktische Relevanz bekam.

III. Technisierung des Menschen

An den Biologen, allen voran an der Schlüsselfigur der Genetikforschung der 1920er-Jahre, Aleksandr Serebrovskij (1892–1948), sowie dem Pionier der künstlichen Insemination, Ilja Ivanov (1870–1932), zeigt sich, wie der Wille zur Herstellung eines verbesserten Menschentypus nicht mehr nur utopische Fiktion bleiben sollte, sondern durch Wissen und Praxis in einen Möglichkeitsraum vorstieß: »[A]n der Front des Kampfes um den Menschen selbst« wurde Serebrovskij zufolge Vor-Stellen zu Her-Stellen.[6]

Vorbedingung und methodischer Rahmen von Serebrovskijs einflussreicher Idee einer Anthropotechnik war die Zootechnik seines Lehrers Ivanov. Bereits 1910 hatte Ivanov auf dem VIII. Internationalen Zoologen Kongress in Graz beschrieben, dass die »Versuche der Kreuzung des Menschen mit den Anthropoiden [...] den widerlichen Charakter ein[büßten] und [...] ohne Verletzung der Moral und Religion im Laboratorium entschieden werden [könnten]«[7]. Für Ivanov, der seine Hybridisierungen schon erfolgreich an Zebras und Pferden praktiziert hatte (Abb. 1.), war die Kreuzung somit keineswegs widernatürlich, da die Evolution ihm zufolge eine linear-kontinuierliche Abfolge darstellte: Die Verbindung des Menschen mit dem anthropoiden Affen war in diesem Verständnis nur der notwendig nächste Schritt.

Neunzehn Jahre nach dieser Aussage waren auch die letzten moralisch motivierten Einwände gegen die technische Machbarkeit aus dem Weg geräumt und Ivanov konnte, so berichtet der österreichische Biologe Paul Kammerer, »endlich den Mischling aus Mensch und Affe zustande [...] bringen«[8].

Auf einer von der sowjetischen Regierung und der Akademie der Wissenschaften mit 10 000 US-Dollar unterstützten Westafrika-Expedition versuchte Ivanov, weibliche Schimpansen mit männlichem Menschensperma zu befruchten.[9] Trotz der gelungenen Injektion des menschlichen Spermas blieben die beiden Affenweibchen, Babette und Sylvette, aber unträchtig. Da Geld und Zeit fehlten, suchte Ivanov nach einer Alternative.

Abb. 1 Zebroid (Zebrahengst aus Pferdestute), dreijährig, gezüchtet mit künstlicher Befruchtung im Friedrich Falz-Feinschen Gestüt, Ascania-Nova.

Foto © Elias Iwanoff: *Die künstliche Befruchtung der Haustiere,* Hannover 1912, Anhang (o. S.)

Aufgrund der Tatsache, dass für die Besamung von Affenweibchen weitaus mehr Probanden erforderlich waren als für Inseminationsexperimente an Frauen, bei denen es nur zwei bis drei erwachsene Affenmännchen brauchte, entwickelte Ivanov die Idee, russische Frauen in einer Forschungsstation am Schwarzen Meer im Gegenzug mit Affensperma zu besamen. Das Problem lag dabei weniger an dem deutlichen Bruch mit einer ›bürgerlichen Moral‹, der sich mit dieser skandalösen Idee verband, als vielmehr daran, dass die Experimente mit dem 26-jährigen Orang-Utan-Männchen Tarzan, dessen Sperma man freiwilligen Frauen einflößen wollte, keine Ergebnisse zeitigten. Trotz akribischer Vorbereitung missglückte Ivanovs Experiment vollends, als Tarzan im Sommer 1929 an einer Hirnblutung starb. Eine geplante Wiederholung kam aufgrund der politischen Umstände nach 1929 nicht mehr zustande.

Die Frage stellt sich, welche Anschlussfähigkeiten und Impulse dieser Versuch der Hybridzüchtungen für die anthropotechnische Forschung bereitstellte. Inwiefern wurde Ivanovs Experiment methodisch und inhaltlich für Serebrovskijs anthropotechnische Humangenetik entscheidend?

Ivanovs Hybridexperimente zeugen von einem Wandel hin zum radikalen Experiment, insofern in ihnen die utopische Programmatik eines »Neuen Menschen« zur Praxis wurde.

Diesen Willen zur angewandten ›Antropotechnika‹ übertrug das Vorstandsmitglied der Russischen Eugenischen Gesellschaft, Aleksandr Serebrovskij, dann vollends auf die Gesellschaft. Der US-Genetiker Hermann J. Muller, der Serebroskijs Forschergruppe besuchte und Drosophila-Stämme

Abb. 2 Hermann J. Mullers Besuch in Russland 1922. Serebrovskij (stehend, der Erste von rechts), Muller (stehend, der Dritte von rechts).

Foto © Nikolai Krementsov: *International Science Between the World Wars: The Case of Genetics.* London 2005, S. 25

mitbrachte (Abb. 2), hielt seinen sowjetischen Kollegen freilich vor allem für einen »zootechnischen Spezialisten«[10].

Serebrovskijs Anthropotechnik war eine sowjetische Eugenik, die »sich der Suche nach praktischen Anwendungsmethoden der Genetik zur Verbesserung der menschlichen Rasse widmet[e]«[11]. Seine visionäre Methodik einer artifiziellen Insemination zur anthropotechnischen Optimierung kam allerdings erst im Frühjahr 1929 auf, als er Mitglied der Kommission der Kommunistischen Akademie zur Überprüfung von Ivanovs Hybridexperimenten wurde, die die Kreuzung zwischen anthropoiden Affen und Menschen als wissenschaftlich relevant und »sehr wünschenswert« einstufte.[12] Ab diesem Zeitpunkt ging Serebrovskij dezidiert auf die methodische Möglichkeit einer Menschenzucht qua künstlicher Besamung ein. Ivanovs Zuchtmethode lieferte für Serebrovskijs Anthropotechnik ein praktisches Modell, um den Schritt von der Theorie in die Anwendung zu gehen. So konnte bei der künstlichen Insemination – im Rahmen von Serebrovskijs Idee einer eugenischen Zucht – zum einen aufgenommenes Sperma zur Befruchtung mehrerer Muttertiere verwendet werden, zum anderen gab es mit Blick auf die Tiere schon bei Ivanov eine Möglichkeit, die Höherzüchtung einer »verbesserte[n] Rasse« voranzutreiben.[13] Mit Serebrovskij, für den »das eugenische Ideal [...] nicht durch Träume großer Geister aufgestellt [wurde], sondern durch das rauhe Leben«, schien die lange theoretische Tradition einer Parallelisierung von Zootechnik (Tierzucht) und Anthropotechnik (Menschentechnik) anhand der Zuchttechniken Ivanovs endlich in eine praktische Umsetzung zu münden.[14] Bestärkt durch die »leuchtenden Beispiele der Zootechniker und Selektionsbotaniker, die Leben nach ihrem Willen schaffen«, formulierte Serebrovskij auf der Basis künstlicher Befruchtung beim Menschen ein positives Eugenik-Programm des Sozialismus, welches sich deutlich von westlichen Werten unterschied.[15]

Die sozialistische Eugenik sollte die moderne Familie zerstören und insbesondere in den Männern den Unterschied in ihren Beziehungen zu Kindern ihres eigenen oder fremden Spermas liquidieren. Ebenso, vielleicht etwas schwieriger, wird die schamhafte Einstellung der Frau zur künstlichen Befruchtung eliminiert werden. Dann werden alle notwendigen Voraussetzungen für die organisierte Selektion des Menschen gegeben sein.[16]

Mit dieser neuen sexuellen Moral sollte eine »Erneuerung der Kultur« einhergehen, da auf dem »Gebiet der Schöpfung neuer Formen des Menschen« bis zu »10 000 Kinder« von den besten Samenspendern »produziert« werden könnten.[16] Serebrovskijs Ziel war es, mit dieser »bolschewistischen« Anthropotechnik die Gesellschaft von »jeglichen Erbleiden zu reinigen«.[18] In Anbetracht dieser Szenarien einer praktischen Anthropotechnik kann Serebrovskijs Entwurf als programmatische Weiterentwicklung zootechnischer Ideen zur anthropologischen Rationalisierung und Effizienzsteigerung gesehen werden, die die sowjetische Industrie voranbringen sollten. Serebrovskijs Forschung der 1920er-Jahre stellt sich dar als Radikalisierung der theoretischen Ideen einer Lebensschöpfung, die – angeregt durch die Experimente Hermann J. Mullers sowie durch Ivanovs Gebrauch »der ausgezeichnete[n] moderne[n] Technik der künstlichen Insemination« – nun nicht mehr nur auf ein Zuchttier, sondern auf das ganze Volk und seine Nachkommenschaft wirken wollte.[19] In der ›Antropotechnika‹ wird damit sichtbar, dass neben der Produktion auch die Reproduktion des Menschen kontrolliert und geplant verlaufen sollte.

Erweitert man den Fokus nach dieser anthropotechnischen Episode in der Sowjetunion auf das internationale Feld, dann wird zeitgleich im deutschen Kontext als Äquivalent eine »Menschentechnik« sichtbar, in der die experimentelle Psychologie neue Optionen einer programmatischen Menschenoptimierung generierte. Diese deutschsprachige Anthropotechnik verhielt sich konträr zum russischen Anthropotechnik-Begriff. Der neue Zugang wurde von der deutschen Psychotechnik, u.a. beeinflusst vom Psychologen William Stern, aufgebracht und beschrieb den Menschen anders als die züchtenden Semantiken nicht nur als form- und züchtbares Material (»Körper«), sondern als »ganze« psychophysische Einheit (»Leib«).[20]

Will man die verschiedenen Brüche und Entwicklungen im semantischen Feld der Anthropotechnik konzis schematisieren, so zeigen die Beispiele deutlich, wie sich die Begriffe von *ánthrōpos* und *téchne* gegenseitig bedingten und veränderten.

Bei dem biologisch-eugenischen Anthropotechnik-Begriff (im sowjetischen Raum) ist der Mensch biologisches Material wie das Tier – man kann auf ihn mit biologischen Züchtungstechniken zugreifen. Bei dem psychologisch-holistischem Begriff der deutschen Anthropotechnik um 1920 (u.a. William Sterns) ist der Mensch dagegen nicht nur Körper, sondern auch Geist und damit psychophysisch komplexer als nur quantifizierbares Material.

In der technikwissenschaftlichen Verwendung des Begriffes um 1960 wird dieses deutschsprachige Konzept eines ›ganzen‹ Menschen dann auf die Gestaltung von Industriemaschinen übertragen – und keine biologischen Züchtungstechniken mehr meinen. Damit änderten sich die Konstellationen zwischen *ánthrōpos* und *téchne* auf radikale Weise, insofern die Maschinentechnik sich nun dem Menschen anpassen sollte.

IV. Anthropologisierung der Technik

Geht man über die Verortung der Anthropotechnik im eugenischen Diskurs hinaus, so wird sichtbar, dass sich der Begriff im Zeitraum zwischen 1960 und 1980 im deutschsprachigen Kontext wandelte. Am Forschungsinstitut für Anthropotechnik in Bonn, mit dessen Gründung der Begriff 1969 institutionalisiert wurde, zeigen sich diese Veränderungen ganz praktisch, da hier Vorstellungen vom Menschen als einer komplexen ›Ganzheit‹ mit der Pragmatik einer Maschinenkonstruktion verbunden wurden.[21] Unter dem Schlagwort der Anthropotechnik entstand so ein ebenso produktives wie einflussreiches Forschungsprogramm zur Mensch-Technik-Anpassung. Anthropotechnik stand am Institut für die Adaption der Technik an den ›ganzen‹ (lebendigen, individuellen) Menschen. Damit knüpfte dieses technikwissenschaftliche Programm unwissentlich an William

Stern an, der in seiner Anthropotechnik ebenfalls ein psychophysisches Menschenbild vertreten hatte. Der zentrale humanzentrierte Produktions- und Interaktionsimperativ des Forschungsinstitutes ist bis heute in unterschiedlichen technischen Konstruktionsbedingungen präsent (Industrie 4.0, User-centred-Design etc.). Obwohl die Industrie 4.0 mit dezentralen technischen Kopplungen und Netzwerken arbeitet, bleibt der Mensch auch hier das Maß und der Mittelpunkt der Produktion. Er ist der Herr der Maschinen.[22]

Schaut man genauer auf die historische Konzeption dieses Imperativs einer Anpassung der Technik an den Menschen, so sollte in dieser technikwissenschaftlichen Anthropotechnik gerade keine Exklusion des Menschen stattfinden (wie man es dem Taylorismus und der Automation mit ihren ›menschenleeren Fabriken‹ vorwarf), sondern seine Integration in das technische System erfolgen.[23] Mensch und Maschine sollten durch technisch-angepasste Schnittstellen miteinander vermittelt werden. Diese Vermittlung geschah immer als technische Anpassung an ein bestimmtes Menschenbild bzw. Menschenmodell. Anders als die zeitgleich in der Raumfahrt entworfene Vision des Cyborgs (1960)[24], der sich selbst biotechnisch optimieren sollte, um in menschenfeindlichen Umwelten zu agieren – der Mensch sollte hier durch Transformation an die Umwelt angepasst werden –, oder postmoderne Cyborg-Konzeptionen, denen es um die (auch politische) Subversion der Differenzen von Mensch / Maschine, Mensch / Tier oder Mann / Frau zu tun war[25], ging es der Anthropotechnik ganz ökonomisch um benutzerfreundlich gestaltete technische Schnittstellen. Hier transformierte sich nicht der Mensch, sondern die Technik um ihn herum. Diese technischen Schnittstellen (wie Hebel, Knöpfe, Bildschirme, Anzeigetafeln, Signalleuchten etc.) wurden nicht mehr an ein als reduktionistisch verstandenes mechanisches oder rein energetisches Menschenbild (Mensch als »Motor«)[26] angepasst, sondern an ein psychophysisch-holistisch komplexes.

Besonders unter Bedingungen einer gegenwärtig immer

7 Elias Iwanoff: »Die wissenschaftliche und praktische Bedeutung der Methode der künstlichen Befruchtung bei Säugetieren.« In: Rudolf Ritter v. Stummer-Traunfels (Hg.): *Verhandlungen des VIII. Internationalen Zoologen Kongresses zu Graz.* Jena 1910, S. 623–631, hier S. 626.

8 Paul Kammerer: »Biologie. Lebensforschung in Russland« In: *Monistische Monatshefte* 11 (1926), S. 304–306, hier S. 304.

9 Vgl. Kirill Rossijanow: »Beyond Species: Ilya Ivanov and His Experiments on Cross-Breeding Humans with Anthropoid Apes.« In: *Science in Context* 2 (2002), S. 277–316, hier S. 286.

10 Muller: Brief an Sewall Wright vom 19. 11. 1931, abgedruckt in: William B. Provine: *Sewall Wright and Evolutionary Biology.* Chicago / London 1986, S. 319–320.

11 Serebrovskij: *Anthropogenetik und Eugenik in der sozialistischen Gesellschaft,* S. 124.

12 Rossijanow: *Beyond Species,* S. 304.

13 Iwanoff: *Die künstliche Befruchtung der Haustiere.* Hannover 1912, S. 22.

14 Serebrovskij: *Anthropogenetik und Eugenik in der sozialistischen Gesellschaft,* S. 125.

15 Ebd., S. 124.

16 Ebd., S. 128.

17 Ebd., S. 126, 128.

18 Ebd., S. 124.

19 Ebd., S. 128.

weiter fortschreitenden Digitalisierung der Lebenswelt, die die Gesellschaft wie das Menschenbild grundlegend verändert, ist es eine wissenschaftliche Aufgabe, diese Gewordenheit der komplexen technischen Probleme und Argumentationen einer Mensch-Maschine-Kollaboration reflektierend zu untersuchen. Hierbei geraten die technischen Artefakte (Arbeits-Maschinen, Cockpits, Computer, etc.) ebenso in den Blick wie die anthropologischen Konzepte (Mensch als Problemlöser, Mensch als Fehlerelement). Für die epistemischen und technischen Aushandlungsprozesse war die Konstruktion von benutzerfreundlichen Schnittstellen zentral. Ob es nun um die Visualisierung von Zahlen und Zeichen im Cockpit, die Signalfarbe bei Arbeitsmaschinen oder die intuitive Drehrichtung bei Hebeln ging, immer sollten die Objekte an den Menschen, seinen Körper und seine psychische Aufnahmegabe angepasst werden.[27] Diese ›Benutzerfreundlichkeit‹ ist allerdings nicht vom Himmel gefallen, sondern hat sich unter bestimmten historischen und epistemischen Bedingungen entwickelt. Seit den 1950er-Jahren bereits kontrastierten in den Mensch-Maschine-Interaktionen die komplexer werdenden Maschinen zunehmend mit einer immer einfacher werdenden Benutzung derselben durch den Menschen.

Hier nun kommt die spezifisch technikwissenschaftliche Ausprägung der Anthropotechnik zur Geltung. Selbstverständlich und intuitiv sollten technische Oberflächen und Schnittstellen in den 1960er- und 1970er-Jahren konstruiert werden, damit sie dem Menschen nicht nur Probleme abnahmen, sondern ihn auch mit anderen Menschen und Maschinen ›vernetzten‹. Als komplexes lebendiges Wesen, so die herrschende Vorstellung, benötige der Mensch bei seiner Arbeit ein ergonomisches Umfeld, um problemlos und produktiv mit der Maschine interagieren zu können: Die Technik sollte sich auf die Komplexität des Lebendigen einstellen.

Das anthropologische Motiv, welches in seinen verschiedenen Facetten bis zum normativen Argument reichte und zwischen 1960 und 1980 in den Technikwissenschaften Form annahm, war also das der menschlichen Besonderheit. Wo der Mensch im Taylorismus der 1910er-Jahre mit seinen Zeit- und Bewegungsstudien noch eine Fehlerquelle darstellte, sah die Technikwissenschaft ab den 1950er-Jahren in ihm vermehrt psychologische und physiologische Möglichkeiten – und nicht nur Begrenzungen. Im ›menschlichen Faktor‹ und wortwörtlich in der *Anthropo*technik bündelte sich demzufolge nicht nur die Angst vor Unberechenbarkeit in Form von Kosten- und Leistungsschwankungen, sondern auch die Möglichkeit eines kreativen Eingriffs in technische Systeme. Anthropotechnik wurde zum Heilsversprechen einer technikkritischen Zeit.

In der Anthropotechnik zeigt sich, dass nicht nur die Maschine sich wandelte, sondern durch diese technische Anpassung der Schnittstellen an den Nutzer auch das Menschenbild notwendigerweise ein anderes werden musste. So wurde die Technik in diesem Argumentations-, aber auch Konstruktionsprozess immer mehr humanorientiert und der Mensch als ›besonderer‹ Faktor in den Mittelpunkt gerückt. Aus der einstigen Angst wurde eine Möglichkeit, aus dem Problem ›Mensch‹ eine Chance. Er sollte nun zusammen mit der Maschine handeln und dort kreativ mit Wissen eingreifen, wo die Maschine an ihre Grenzen kam. Für die technikwissenschaftliche Anthropotechnik war der Mensch der Maschine zwar in gewissem Sinne in Ausdauer und Kraft unterlegen, allerdings in seiner Flexibilität überlegen. Er wurde nun in seinem besonderen Mensch-Sein immer häufiger mit Attributen wie Eigengesetzlichkeit, Individualität, Kreativität oder Flexibilität beschrieben.

Die Semantiken der Anthropotechnik reagierten damit auf ganz eigene Weise nicht nur auf einen Post-Taylorismus, sondern vielmehr auf die Unhaltbarkeiten der Kybernetik in den 1960er-Jahren. Wo nämlich die Kybernetik die Analogie zwischen Mensch und Maschine heraushob, suchte die Anthropotechnik die passend konstruierte Schnittstelle als etwas Drittes zwischen zwei grundverschiedenen Systemkomponenten. Die kybernetische Analogisierung von Mensch und Maschine war im technikwissenschaftlichen Alltag, in dem der Mensch ganz praktisch mit technischen Geräten und demzufolge mit Schnittstellen agieren musste, wenig zielführend und für die Effizienz des Mensch-Maschine-Systems eher hinderlich. Die Kybernetik kam dort an ihre Grenze, wo sie mit nicht mehr berechenbaren Systemen konfrontiert war. Selbst der Kybernetiker Georg Klaus erkannte 1969 in seinem *Wörterbuch der Kybernetik*, dass in »letzter Instanz [...] alle wirklich existierenden Regelungen nichtlinear [waren]«.[28] Für den real existierenden Menschen als nichtlineares und

20 Vgl. William Stern: *Person und Sache. System des kritischen Personalismus. Zweiter Band: Die menschliche Persönlichkeit.* Leipzig 1918, S. 170.

21 Vgl. Kevin Liggieri: »Schnittstelle ›Mensch‹ – Zum Institut für Anthropotechnik.« In: Dawid Kasprowicz u. a. (Hg.): *Unterwachen und Schlafen. Anthropophile Medien nach dem Interface.* Lüneburg 2018, S. 77–103.

22 Vgl. Thomas Bauernhansl u. a. (Hg.): *Industrie 4.0 in Produktion, Automatisierung und Logistik,* Wiesbaden 2014; Constanze Kurz: »Industriearbeit 4.0. Der Mensch steht im Mittelpunkt – aber wie kommt er dahin?« In: *Computer und Arbeit* 5/2014.

23 Vgl. Martina Heßler: »Die Halle 54 bei Volkswagen und die Grenzen der Automatisierung. Überlegungen zum Mensch-Maschine-Verhältnis in der industriellen Produktion der 1980er-Jahre.« In: *Zeithistorische Forschungen* 11 (2014), S. 56–76.

24 Manfred E. Clynes / Nathan S. Kline: »Cyborgs and Space.« In: *Astronautics* (September) 1960, S. 26–27, 74–76.

25 Donna J. Haraway: »Manifesto for Cyborgs: science, technology, and socialist feminism in the 1980s.« In: *Socialist Review* 80 (1985), S. 65–108.

26 Anson Rabinbach: *The Human Motor. Energy, Fatigue, and the Origins of Modernity,* New York 1990.

27 Vgl. Kevin Liggieri: »Der Mensch in der technischen Umwelt. Ergonomische Konstruktionen des Fliegercockpits im Human Engineering der 1940er-1960er Jahre.« In: Julia Gruevska (Hg.): *Körper und Räume.* Berlin 2018, S. 43–68.

unberechenbares System brauchte man daher eine andere Herangehensweise, die Mensch und Maschine erfolgversprechender miteinander verband. Die Kybernetik konnte mit der anthropologischen Frage, »was der Mensch sei«, nur schwer umgehen und damit das (eigentlich) zentrale Problem, wie das Verhältnis von Mensch und Maschine auszusehen hätte, weder theoretisch noch praktisch lösen. Hier setzte die technikwissenschaftliche Anthropotechnik mit ihren Theorien und Forschungspraktiken an.

Der Mediziner und Berater des Hubschrauber- und Flugzeugherstellers Bölkow Entwicklungen, Heinz von Diringshofen, lange vor Sloterdijk Namensgeber der technikwissenschaftlichen Anthropotechnik, machte in den 1960er-Jahren mit seinem Modell deutlich, dass der Mensch nicht mechanistisch integrierbar war.[29] Er stellte für Diringshofen vielmehr Option und Problem zugleich dar. Auf diese Weise war der Mensch für die Anthropotechnik zwar in einem Mensch-Maschine-System »bisweilen das schwächste, aber immer das wichtigste Glied«.[30] Die Anthropotechnik zielte damit auf ein komplementierendes Sowohl-als-Auch und nicht auf ein exkludierendes Entweder-Oder. Mensch und Maschine sollten im Sinne gleichwertiger Handlungsträger interagieren. Jedoch konnten sie das nicht durch eine Gleichstellung (Kybernetik), sondern durch eine vermittelte Schnittstelle. Vermittlung statt Analogiesierung lautete die Forderung, die eine postkybernetische Anthropotechnik produktiv machen sollte.

In den Lösungsansätzen der Anthropotechnik bekam der Mensch als Problem und Chance in der Mensch-Maschine-Interaktion eine Sonderstellung zugesprochen und wurde als besonderer psychophysischer Faktor anerkannt. Ein Faktor, der sich als lebendiger »Leib« einer übermäßig rationalen und mechanistischen (kybernetischen) Ordnung zu widersetzen schien.[31]

V. »Definirbar ist nur Das, was keine Geschichte hat«

Durch die verschiedenen nationalen Bedingungen der Aus- und Umformung gestaltete sich der Begriff Anthropotechnik inkohärent und fluide. Seine dynamische Polyvalenz ließ Freiräume für eigensinnige Praktiken und Ideologien, wie die sowjetische Abgrenzung zur westlichen Eugenik zeigt. Darüber hinaus eröffnete der Begriff Spielräume für je spezifische Fokussierungen, sei es auf den »menschlichen Faktor«, wie die Psychologie Sterns vor Augen führt, oder auf eine technikwissenschaftliche Neuausrichtung um 1960.

Während dieser gesamten begriffsgeschichtlichen Entwicklung bewegten sich Mensch und *téchne* nicht nur, wie an den Beispielen zu sehen war, in Abhängigkeitsbeziehungen, sondern eben auch in wechselseitigen Aushandlungsprozessen, die wiederum durch wissenschaftliche, politische sowie ideologische Einflüsse, Materialitäten (Züchtungsapparate, Maschinen, etc.) und Techniken bestimmt waren. Insofern entziehen sich, mit Nietzsche gesprochen, »[a]lle Begriffe, in denen sich ein ganzer Prozess semiotisch zusammenfasst, [...] der Definition; definirbar ist nur Das, was keine Geschichte hat«.[32]

28 Georg Klaus: *Wörterbuch der Kybernetik*. Bd. 2, Berlin 1969, S. 444. Dazu auch Michael Hagner: »Kybernetik.« In: Ludwig Jäger, u. a. (Hg.): *Sprache, Kultur, Kommunikation*. Berlin 2016, S. 253–261.

29 Vgl. Heinz von Diringshofen: »Der Faktor Mensch in der Raketentechnik und Raumfahrt (Nach einem auf der 9. Raketen- und Raumfahrttagung der DRG Hannover 1960, gehaltenen Referat).« In: *Astronautische Forschungsberichte der Hermann Oberth-Gesellschaft (früher Deutsche Raketen Gesellschaft)* 15 (1960), S. 1–10; Ders.: »Anthropotechnische Probleme bei VTOL- und Raumfahrzeugen.« In: *Jahrbuch der WGLR 1963*, S. 500–509.

30 Heinz von Diringshofen: »Anthropotechnische Rationalisierung von Waffensystemen.« In: *Wehrtechnische Monatshefte* 64 (1967), S. 113–122, hier S. 122.

31 Vgl. Martina Heßler: »Der Mensch als Leib. Menschenbilder in einer technischen Kultur.« In: Jörg Sternagel / Fabian Goppelsröder (Hg.): *Techniken des Leibes*. Weilerswist 2016, S. 217–236.

32 Friedrich Nietzsche: *Zur Genealogie der Moral, KSA 5*. München / New York 1980, S. 317.

MATTHIAS PABSCH, geboren 1970 in Hildesheim, ist Künstler und Buchautor und lehrt als außerordentlicher Professor an der Duke University in den USA. Er lebt und arbeitet in Berlin und der Uckermark. Wechselbeziehungen zwischen Mensch, Natur und Technik stehen im Mittelpunkt seiner Gemälde, Skulpturen, Fotografien und Texte. Zu seinen Büchern zählen *Pariser Platz – Architektur und Technik. Vom manuellen zum digitalen Zeitalter* (2002) und *Berlin und seine Künstler* (2006). Seine künstlerischen Arbeiten werden sowohl im öffentlichen Raum als auch in Galerien und Museen im In- und Ausland gezeigt, etwa auf der Schweizerischen Triennale der Skulptur in Bad Ragaz und Vaduz (2018).

MATTHIAS PABSCH

Naturkultur. Wie Kunst und Wissenschaft voneinander sehen lernen

Ich glaube, dass die Weltformel über die
Intelligenz der Teilchen zu finden ist.

GERD BINNIG[1]

Am 28. April 1784 war die Welt noch in Ordnung. Auch in London war von Klimawandel und globaler Erwärmung noch nichts zu spüren. Nach einem eisigen Winter, in dem sogar die Themse zugefroren war, brach endlich der Frühling an. Ein kalter und verregneter Sommer sollte folgen. Das in Jahrtausenden Eisschicht um Eisschicht gewachsene Gedächtnis der Erde verzeichnete in den ausgedehnten Gletschern noch keine signifikant erhöhte Konzentration der sogenannten Treibhausgase CO_2 und CH_4. An diesem Tag wurde James Watt das Patent für eine entscheidende Verbesserung der Dampfmaschine erteilt. Vom Geist der Aufklärung beseelt, hatte der Schotte die Dampfmaschine zwar nicht erfunden, aber ihren Wirkungsgrad immer weiter erhöht. Jetzt stand dem endgültigen Durchbruch der neuen Technologie nichts mehr im Weg. Doch Watt war nicht nur Praktiker und wusste die Herausforderungen der Thermodynamik zu meistern, sondern wurde von Zeitgenossen auch als Naturphilosoph geschätzt.[2] Allerdings entzog er sich dem Werben, seine Erkenntnisse in philosophischen Fachzeitschriften zu veröffentlichen. Das, was er der Welt zu sagen hatte, formulierte er in der nüchternen Sprache seiner Patentschriften. Dennoch dürfte der kluge Mann nicht geahnt haben, dass er mit seinem Patent im Jahr 2000 als Kronzeuge eines neuen Erdzeitalters benannt werden würde, als der Meteorologe Paul Crutzen im mexikanischen Cuernavaca das Anthropozän ausrief.[3]

Seit jenem denkwürdigen Apriltag in London sind gut 200 Jahre vergangen, die es erlauben, mit einigem Abstand auf die Ereignisse und ihre Folgen zurückzublicken. Schon im 19. Jahrhundert waren die Kollateralschäden der Wattschen Erfindung und des mit ihr eingeleiteten Industriezeitalters nicht zu übersehen: vergiftete Flüsse, abgeholzte Wälder und mit todbringendem Feinstaub belastete Atemluft.[4] Mit der rasanten Verstädterung ging eine Entfremdung der Menschen von der Natur einher, die in der dörflichen Lebenswelt noch allgegenwärtig gewesen war. Als sei die Zerstörung der Natur Voraussetzung für ihre Wertschätzung, löste die Entwicklung gegen Ende des Jahrhunderts Gegenreaktionen aus. Erste Umweltbewegungen entstanden, Schrebergärten ermöglichten Stadtbewohnern parzellierte Naturerfahrung im Miniaturformat. Ob in den neu gegründeten Wandervereinen oder auch alleine – es wurden dunkle Wälder durchmessen und strahlende Gipfel erklommen.

Auch der durchtrainierte Künstlerzoologe Ernst Haeckel suchte angesichts der »trüben Rauchwolken der Fabriken« und eines Daseins im »rastlosen Getriebe der Großstädte« nach Auswegen und Gegenbildern.[5] Als wolle er sich der Urkraft der schwindenden Natur noch einmal vergewissern, setzte er sich ihren Elementen mit allen Sinnen aus, schwamm täglich und ließ sich bei Bergtouren nicht einmal von Ohnmachtsanfällen in der Höhenluft aufhalten.[6] Doch Haeckel beließ es nicht bei der sportlichen Selbsterfahrung, sondern spürte der Natur in Sphären nach, die dem menschlichen Auge bislang verborgen geblieben waren. Hier bahnte sich eine Revolution an, mit der die Grenze des Sichtbaren ausgelotet wurde. Während Mikroskope zuvor anhand von Erfahrungswerten konstruiert wurden, gelang es dem Physiker Ernst Abbe Anfang der 1870er-Jahre, die physikalischen Grundlagen für ihren Bau zu definieren.[7] Dank Abbe war das Sehen jetzt nur noch durch die physikalische Auflösungsgrenze limitiert und nicht mehr durch technische Unzulänglichkeiten.

Die Suche nach mikroskopisch kleinen Meeresbewohnern führte Haeckel 1859 zunächst an den Golf von Neapel. Hier lernte er den Maler Hermann Allmers kennen – eine folgenschwere Begegnung. Beide Männer verband auf Anhieb ihre Begeisterung für intensive Naturwahrnehmungen. Gemeinsam bestiegen sie den Vesuv, schwammen im Meer und schufen so die Grundlage für eine lebenslange Freundschaft.[8] Allmers weckte Haeckels Wunsch, sich die Welt als Künstler und nicht mehr als Wissenschaftler zu erschließen. In den folgenden Monaten tauschte er das Mikroskop mit der Staffelei und tauchte in das Universum der Farben und Formen ein. Den besorgten Eltern teilte er mit, er überlege seine wissenschaftliche Karriere nicht weiterzuverfolgen und sich der Malerei zu widmen. Sein Hinweis darauf, dass ihm andere Künstler sein Talent bestätigt hätten, dürfte sie kaum beruhigt haben.

Auch Haeckel selbst scheinen diese Wohlwollensbekundungen nicht ganz überzeugt zu haben. Vielleicht war ihm auch bewusst, dass die Kunstgeschichte nicht noch einen weiteren Landschaftsmaler brauchte und er einen ungleich wertvolleren Beitrag leisten konnte. Als er sich schließlich entschied, sein Forschungsvorhaben fortzusetzen, blieb er der Kunst dennoch treu und stellte seine künstlerische Begabung in den Dienst der Wissenschaft. Die in Kampanien gesammelten Erfahrungen sollten sich dabei als sehr nützlich erweisen.

Haeckels ganze Aufmerksamkeit galt jetzt den winzigen Strahlentierchen oder Radiolarien. Aufgrund ihrer Größe von maximal einem halben Millimeter waren die anmutigen Wesen bis ins 19. Jahrhundert schlichtweg übersehen worden. Erst unter dem Mikroskop offenbarten die Einzeller ihre von symmetrischen Mustern geprägte Schönheit. Zarte Skelette aus Siliziumdioxid lassen sie wie filigrane Glasstrukturen erscheinen. Haeckel war begeistert: In den Symmetrien der Strahlentierchen erkannte er Gesetzmäßigkeiten der Natur, die ihn auch künstlerisch bewegten. Gefesselt von dieser Ästhetik, ließ er sich sogar zu einem Klassifizierungssystem hinreißen, das auf der Geometrie der Skelettstrukturen basierte. Für die Radiolarienforschung sollte sich dieser ästhetische Ansatz als schwere Bürde erweisen. Erst hundert Jahre später konnte dieses Hindernis durch eine neue, an die Evolution des Innenskeletts angelehnte Klassifikation überwunden werden.[9] Hier hatte der Künstler gegenüber dem Wissenschaftler die Oberhand gewonnen.

Hingerissen von Anmut und Ebenmaß der winzigen Meerestiere spürte Haeckel ihrem Formenreichtum zeichnend

1 Gerd Binnig im Interview mit Marc Gänsler vom 18. August 2010. In: *Drillingsraum*, S. 4: http://www.drillingsraum.de/gerd-binnig/gerd-binnig-1.html (31. 10. 2018).

2 Andrew Carnegie: *James Watt*. New York 1905, S. 74.

3 Paul J. Crutzen und Eugene F. Stoermer: »The ›Anthropocene‹.« In: *IGBP Newsletter*, Nr. 41, Mai 2000, S. 17–18.

4 Von zentraler Bedeutung ist in diesem Zusammenhang: George Perkins Marsh: *Man and Nature. Or, Physical Geography as Modified by Human Action*. London 1864. Marsh beeinflusste etwa John Muir, einen Naturschutzpionier und Stammvater des Nature Writing in den USA.

5 Ernst Haeckel: *Wanderbilder. Nach eigenen Aquarellen und Ölgemälden. Die Naturwunder der Tropenwelt. Ceylon und Insulinde*. Gera-Untermhaus 1905, Vorwort (o. S.).

6 Ernst Haeckel: *Entwicklungsgeschichte einer Jugend. Briefe an die Eltern. 1852/1856*. Leipzig 1921, S. 194; Ernst Haeckel: *Berg- und Seefahrten*. 1857/1883. Leipzig 1923, S. 46.

7 Ernst Abbe: »Beiträge zur Theorie des Mikroskops und der mikroskopischen Wahrnehmung.« In: *Archiv für mikroskopische Anatomie*. Band 9, Nummer 1, Dezember 1873, S. 413–468.

8 Ernst Haeckel: *Italienfahrt. Briefe an die Braut. 1859/1860*. Leipzig 1921, S. 69, 77 und 116–120; Rudolph Koop: *Haeckel und Allmers. Die Geschichte einer Freundschaft in Briefen der Freunde*. Bremen 1941.

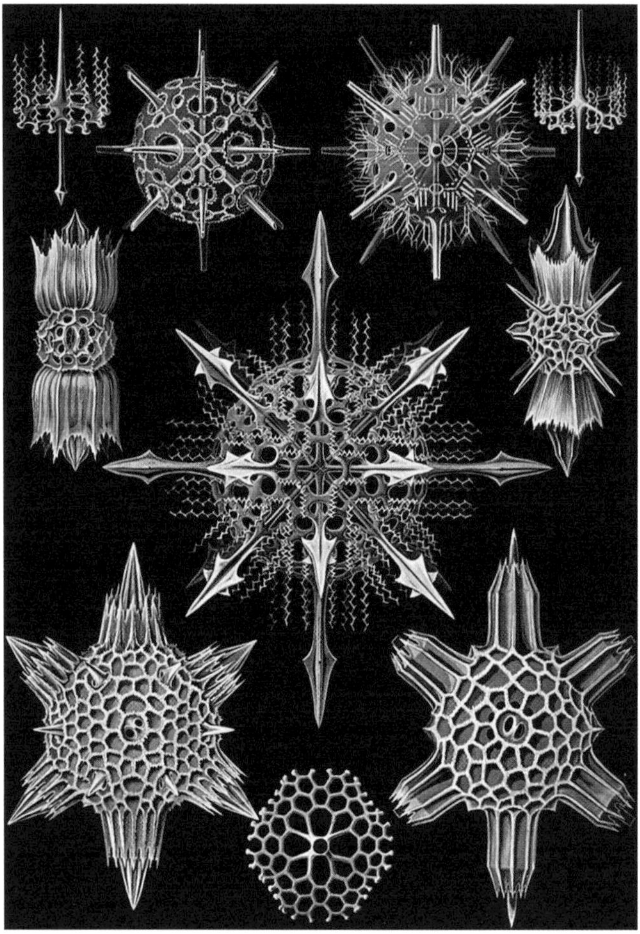

Abb. 1 Ernst Haeckel, Radiolarienskelette aus Siliziumdioxid.

und malend nach, um auf diese Weise »in das Geheimnis ihrer Schönheit einzudringen«.[10] Dabei half ihm eine erstaunliche Fähigkeit: Während er mit einem Auge durch das Okular die Radiolarien betrachtete, konnte er gleichzeitig mit dem anderen das Papier fixieren, auf dem seine Zeichnungen entstanden.[11] So war er nicht gezwungen, den Blick abzuwenden, um das Bild aus einer Vielzahl von Gedächtniszeichnungen zusammenzufügen. Vielmehr konnte er die komplexen Zusammenhänge unmittelbar erfassen und zeichnerisch umsetzen. Allerding bestand ein entscheidender Unterschied zur fotografischen Abbildung mit dem Mikroskop vergrößerter Strahlentierchen: Die Bilder nahmen den Umweg über Haeckels Gehirn und trafen hier auf seine Seherfahrungen und ästhetischen Vorstellungen, unter deren Einfluss die optischen Eindrücke künstlerisch überformt wurden. Zwischen die optische Vergrößerung und die Aufzeichnung wurde so eine Art bildgebende Software geschaltet. Zwar wirkten die vergrößerten Radiolarien für Haeckel allein schon wie Kunstwerke[12], doch erst seine aufwendigen Darstellungen erbrachten die entscheidende Transferleistung. Indem er das Gesehene leicht stilisierte, hob er das Ebenmaß hervor. Durch die Betonung ihrer besonderen Ästhetik bereitete Haeckel die Abbildungen der Radiolarien für eine Rezeption auch außerhalb der Naturwissenschaft auf. Nachdem ihm das in der Formenvielfalt der Skelettstrukturen vorhandene Potenzial für die Kunst bewusst geworden war, fragte er zunächst bei seinem Freund Allmers an, ob dieser nicht »einen neuen ›Stil‹!! daraus erfinden« könne.[13] Da Allmers diese auch etwas scherzhaft gemeinte Anregung nicht aufgriff, nahm Haeckel das Vorhaben schließlich selbst in die Hand.

Ab 1899 veröffentlichte Haeckel in mehreren Einzelbänden seine *Kunstformen der Natur,* die nicht zuletzt aufgrund der Attraktivität der darin enthaltenen Farbtafeln große Popularität erlangten. Mit ihnen brachte er die sich in Symmetrien und Farbharmonien ausdrückende Schönheit der Natur einem breiten Publikum nahe. Allerdings waren die *Kunstformen der Natur* weit mehr als ein Bildband, der die vom Industriezeitalter unberührt gebliebenen ewigen Gesetze der Natur beschwor, sondern vielmehr ein Praxisbuch, mit dem er sich an Maler, Architekten und Kunsthandwerker wandte. In einem Ergänzungsband der *Kunstformen* wurden die abgebildeten Organismen nach ästhetischen Gesichtspunkten geordnet und so treffend als Vorbild für die praktische gestalterische Anwendung empfohlen.[14]

Tatsächlich gelang es Haeckel, seine Eindrücke aus der Welt der Radiolarien in den Kontext der Kunst einzugliedern. Auf diese Weise wurde er zu einem wichtigen Impulsgeber für die Formensprache des Jugendstils. Besonders nachhaltig inspirierte er den französische Maler und Architekten René Binet. In seinen ab 1902 in vier Teilen erschienenen *Esquisses*

9 Ernst Haeckel: *Die Radiolarien. (Rhizopoda radiaria). Eine Monographie.* Berlin 1862; Annika Sanfilippo und William Riedel: »A Revised Generic and Suprageneric Classification of the Artiscins (Radiolaria).« In: *Journal of Paleontology.* Band 54, Nr. 5, September 1980, S. 1008–1011.

10 Ernst Haeckel: *Kunstformen der Natur. Supplement-Heft. Allgemeine Erläuterung und systematische Übersicht.* Leipzig / Wien 1904, Vorwort (o. S.).

11 Haeckel: *Entwicklungsgeschichte,* S. 26.

12 Ernst Haeckel: *Die Natur als Künstlerin.* Berlin 1913.

13 Koop: *Haeckel und Allmers,* S. 45.

14 Christoph Kockerbeck: *Ernst Haeckels »Kunstformen der Natur« und ihr Einfluss auf die deutsche bildende Kunst der Jahrhundertwende. Studie zum Verhältnis von Kunst und Naturwissenschaften im Wilhelminischen Zeitalter.* Frankfurt a. M. / Bern / New York 1986, S. 89–91.

15 Ernst Haeckel: *Die Welträthsel. Gemeinverständliche Studien über Monistische Philosophie.* Bonn 1899, S. 295–297 und 393–395.

16 Peter Behrens: »Vorrede.« In: ders. (Hg.): *Ein Dokument deutscher Kunst. Die Ausstellung der Künstler-Kolonie in Darmstadt.* München 1901, S. 5–12, hier: S. 9.

17 Haeckel hatte dagegen zunächst Medizin studiert und sich dann der Zoologie gewidmet. Zu Behrens: Matthias Pabsch: *Berlin und seine Künstler.* Darmstadt 2006, S. 112–129.

décoratives, die auf Haeckels Illustrationen zurückgingen, führte er vor, wie sich aus organischen Strukturen Lichtschalter und Tapetenmuster generieren ließen.

Jetzt konnten die von Haeckel künstlerisch aufgewerteten Kreaturen endlich die Meere verlassen. Als elegantes Ornament fand die Natur so zurück in die Städte, wuchs über Fassaden und durch Innenräume. Diese organische Metamorphose lieferte das passende Gegenbild zur mechanischen Unnachgiebigkeit des Industriezeitalters. Auch Haeckels Wohnhaus, die Villa Medusa in Jena, versöhnte in ihrer Gestaltung beide Bereiche. Auf diese Weise wurde der Jugendstil zum künstlerischen Ausdruck des Versuchs, die Entfremdung von Mensch und Natur zu überwinden.

In seinen Forschungen hatte Haeckel das große Ganze im mikroskopisch Kleinen gesucht und in einem einzigen Wassertropfen einen Kosmos von Formen gefunden. Dennoch empfand er Unbehagen gegenüber einer Weltsicht, die nicht zuletzt durch neue technische Mess- und Darstellungsmethoden, auf einer immer kleinteiligeren Zerlegung in einzelne Elemente beruhte. Seine Antwort auf diese drängende Frage seiner Zeit lieferte er ebenfalls 1899 mit dem internationalen Bestseller *Die Welträthsel.* In dem umfangreichen Buch stellte er die Idee des Monismus dem Dualismus von Geist und Materie entgegen und entwarf eine ganzheitliche Philosophie. Haeckels Auffassung, die »Einheit der Natur« erschließe sich über ihre Ästhetik,[15] ließ noch einmal den Künstler in ihm aufscheinen.

Der Jugendstil blieb ein Zwischenspiel und vermochte das heraufziehende Industriezeitalter nur vorübergehend auszublenden. Dauerhaft ließ sich die Realität der Industrialisierung nicht mit organischen Formgebungen bändigen. Die neue Epoche verlangte nach einem umfassenden gestalterischen Ansatz. Das erkannte auch der Designer und Architekt Peter Behrens, der zunächst selbst das Lernen »von der Natur«[16] propagiert hatte. So wie der studierte Mediziner Haeckel zu einem wichtigen künstlerischen Impulsgeber geworden war, ohne je eine Kunstakademie besucht zu haben, hatte sich Behrens das Gestalten von Formen und Räumen selbst beigebracht und bezeichnete sich stolz als Autodidakt.[17] Beider Schaffen belegt, dass entscheidende Entwicklungssprünge nicht selten Quereinsteigern vorbehalten bleiben. Als künstlerischem Beirat der Berliner AEG gelang es Behrens ab 1907, das Wesen der industriellen Produktion zu erfassen und in verständliche Formen zu übersetzen. Seine Gestaltungen waren eine ästhetische Analogie zur mechanischen Serienproduktion, die mit den von ihm entworfenen Alltagsgegenständen im wahrsten Sinne des Wortes begreifbar wurde. Dabei behielt er die großen Zusammenhänge im Blick und zielte darauf ab, »durch das Zusammenführen von Kunst und Technik Kultur zu schaffen«[18]. Die von Behrens geprägte Industriekultur verlieh dem neuen Zeitalter über Jahrzehnte hinweg ästhetische Stabilität.

Als wollte sich die Geschichte in dramatisch verstärkter Form wiederholen, wurde die Menschheit gegen Ende des 20. Jahrhunderts von Umweltkatastrophen biblischen Ausmaßes heimgesucht. Sie erschütterten den Glauben an die kulturstiftende Wirkung der Industrie nachhaltig. 1976 wurde das italienische Seveso Schauplatz eines folgenschweren Dioxinunfalls, ab Anfang der 80er-Jahre sickerte das Waldsterben ins Bewusstsein der Menschen, das schwerste Chemieunglück der Geschichte ereignete sich 1984 im indischen Bhopal und 1986 löste schließlich die Nuklearkatastrophe von Tschernobyl einen globalen Schock aus. Wie schon Ende des 19. Jahrhunderts kam es zu Gegenreaktionen, die sich in der Gründung von Umweltbewegungen äußerten. Diese standen jetzt auf einer breiteren gesellschaftlichen Basis und wurden politisch institutionalisiert. Auch der Aktionskünstler Joseph Beuys thematisierte die Umwelt seit den 1970er-Jahren in seinem Werk. Im Sinne seines erweiterten Kunstbegriffs und der Idee der sozialen Plastik wirkte Beuys seit 1979 aktiv am Aufbau der Grünen mit. Seine politische Karriere, in der er sich unter anderem als Ökopopsänger versuchte, verlief glücklos. Trotzdem lieferte er einen wegweisenden Ansatz, indem er Ästhetik mit politischer Definition ins tägliche Leben erweiterte.

Zur gleichen Zeit bahnte sich in einem unscheinbaren Labor in Rüschlikon am Zürichsee eine Revolution an, die mit spektakulären Bildern eine neue Sicht auf die Welt ermöglichen sollte. Da die Auflösung der Lichtmikroskope durch die Wellenlänge des sichtbaren Lichts beschränkt ist, bestand der nächste Schritt darin, Objekte mit Hilfe von Elektronen abzubilden, die eine deutlich kürzere Wellenlänge aufweisen.

18 Peter Behrens: *Über die Beziehungen der künstlerischen und technischen Probleme.* Berlin 1917, S. 21; vgl. zur Industriekultur auch: Tilmann Buddensieg und Henning Rogge: *Industriekultur. Peter Behrens und die AEG. 1907–1914.* Berlin 1978.

19 Ernst Ruska: »Das Elektronenmikroskop.« In: *Zeitschrift für Physik*, 78, 1932, S. 318–339.

20 Binnig: Interview mit Marc Gänsler, S. 2; Gerd Binnig: *Aus dem Nichts. Über die Kreativität von Natur und Mensch.* München / Zürich 1989, S. 56–60 und S. 295.

21 Binnig: Interview mit Marc Gänsler, S. 2.

22 Binnig: *Aus dem Nichts*, S. 14 und S. 286.

23 Ebd., S. 143.

24 Jochen Henning: »Die Versinnlichung des Unzugänglichen – Oberflächendarstellungen in der zeitgenössischen Mikroskopie.« In: Martina Heßler (Hg.): *Konstruierte Sichtbarkeiten. Wissenschafts- und Technikbilder seit der frühen Neuzeit.* München 2006, S. 106.

25 Binnig: Interview mit Marc Gänsler, S. 2.

26 Ebd.

27 Cyrus C. M. Moody: *Instrumental Community. Probe Microscopy and the Path to Nanotechnology.* Cambridge Massachusetts 2011, S. 55.

28 Gerd Binnig, Heinrich Rohrer, Christian Gerber und Edmund Weibel: »7 × 7 Reconstruction on Si(111) Resolved in Real Space.« In: *Physical Review Letters*, Band 50, Nr. 2, 1983, S. 120–123.

Anfang der 1930er-Jahre entstanden die ersten Elektronenmikroskope und lieferten Bilder, die dem menschlichen Auge zuvor unzugänglich waren.[19] Allerdings verband Elektronen- und Lichtmikroskope, dass sie keine Auflösung im atomaren Bereich erlaubten. Diesen technischen Darstellungsmöglichkeiten entsprach auch die wissenschaftliche Wahrnehmung von Materie.[20] Genau an diesem Punkt setzten die beiden Physiker und späteren Nobelpreisträger Gerd Binnig und Heinrich Rohrer an, indem sie Materie nicht in geordneten Strukturen, sondern lokal in ganz kleinem Maßstab in den Blick nahmen. Da es keine Methode zur Analyse derart winziger Strukturen gab, sahen sie sich gezwungen, diese selbst zu erfinden. Nach einer sehr kurzen Entwicklungszeit gelang es Binnig und Rohrer 1981 zum ersten Mal, das Funktionsprinzip eines Rastertunnelmikroskops nachzuweisen.

Das Rastertunnelmikroskop basiert auf dem quantenmechanischen Tunneleffekt. Es besitzt eine sehr feine Spitze, die im Idealfall nur aus einem einzelnen Atom besteht. Diese Spitze wird in einem festgelegten Raster mit sehr geringem Abstand über die Oberfläche des Untersuchungsobjekts geführt. Berührt die Elektronenwolke des Atoms auf der Messspitze die Elektronenwolke eines Atoms auf der Objektoberfläche, kommt es zu einem Tunnelstrom. Er ist durch eine zwischen Spitze und Objekt anliegenden Spannung messbar. Über ihre Elektronenwolken sind die Atome so sehr genau lokalisierbar. Da es Binnig störte, dass sich diese Technik auf leitende Materialien beschränkte und für Anwendungen in der Biologie ungeeignet war, entwickelte er in der Folge noch das Rasterkraftmikroskop.[21] Es kommt ohne eine zwischen Probe und Mikroskop anliegende Spannung aus. Rasterkraftmikroskope messen über eine Blattfeder, an der sich eine winzige Nadel befindet, die Anziehungskräfte zwischen zwei Atomen. Jetzt war es sogar möglich, dynamische Prozesse an lebenden Objekten zu untersuchen und tief in die Geheimnisse des Lebens vorzudringen.

Leider lieferten die neuen Mikroskope zunächst nur abstraktes Datenmaterial und noch keine eindrucksvollen Bilder. Glücklicherweise begegnen sich, wie bereits bei Haeckel, in der Persönlichkeit Binnigs Wissenschaft und Kunst. Denn Binnig ist nicht nur unkonventioneller Physiker, sondern malt und komponiert Musik.[22] Auch darüber hinaus setzte er sich intensiv mit der Kreativität von Mensch und Natur auseinander, die er als »Fähigkeit eines Systems zur Evolution«[23] beschrieb. Diese Begabungen halfen ihm bei der Aufbereitung des recht trockenen Ausgangsmaterials.

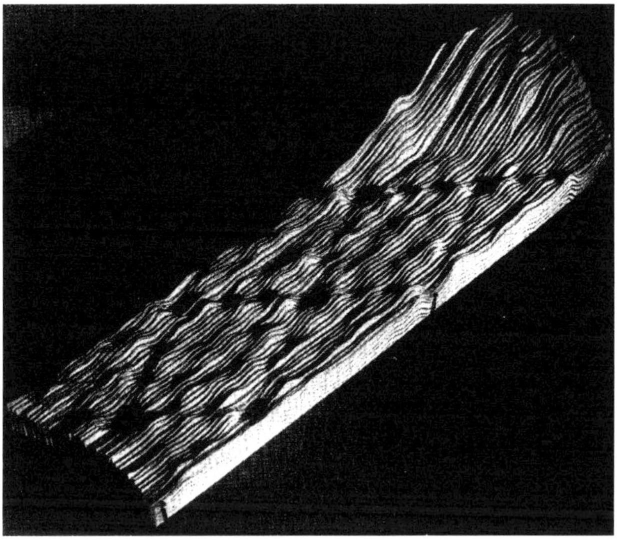

Abb. 2 Gerd Binnig und Heinrich Rohrer, Modell der Siliziumoberfläche.

Mit Bleistiftschraffuren, Schere und Klebstoff überarbeitete er die grafisch aufgetragenen Daten, um sie räumlichen Sehgewohnheiten anzupassen und ihre Überzeugungskraft zu steigern.[24] Erst durch ihre gestalterische Überformung wurden sie allgemein zugänglich.

Was Binnig jetzt noch fehlte, um sich die Aufmerksamkeit der breiten Öffentlichkeit zu sichern, war eine »Killer-Applikation«.[25] Während die Killer-Applikation bei Haeckel das Siliziumdioxid der Radiolarienskelette war, fanden sie Binnig und Rohrer im Silizium selbst. Als unerlässliches Material für den Bau von Computern stand Silizium im Fokus des anbrechenden digitalen Zeitalters. Zahlreiche Wissenschaftler hatten sich bereits vergeblich an der Entwicklung von Modellen für die Siliziumoberfläche versucht, da sie lediglich auf indirekte Messmethoden zurückgreifen konnten. Binnig und seinen Kollegen gelang es endlich, diese Struktur zu beobachten, »und das hat eingeschlagen wie eine Bombe«[26].

Damit die Darstellung des Modells der Siliziumoberfläche zu einer Ikone der Nanotechnologie werden konnte, war wieder gestalterisches Geschick gefragt. Die Messdaten des Mikroskops wurden zunächst als lineare Grafiken auf Karton übertragen.[27] Entlang der Datenlinien wurden die Kartonbögen dann ausgeschnitten und zu einem Reliefmodell zusammengefügt. Mit der Veröffentlichung des aufsehenerregenden Modellfotos legten Binnig und Rohrer die Grundlage für die Verleihung des Nobelpreises für

Physik im Jahr 1986.[28] Durch die Übersetzung der abstrakten Datenbasis in das Medium der Skulptur und schließlich der Fotografie wurde Materie bis in atomare Dimensionen hinein sicht- und fassbar.

Nachdem Binnig und seine Kollegen zunächst versucht hatten, der von den neuen Mikroskopen produzierten Datenflut mit Schere und Klebstoff Herr zu werden, folgten schnell digitale Lösungen. Heute ist die bildgebende Software das Herz eines jeden Hightech-Mikroskops und übernimmt auch Prozesse, die zu Haeckels Zeiten noch im Kopf stattfanden. Dabei geht die aktuelle Entwicklung hin zu einer Kombination verschiedener mikroskopischer Techniken. Algorithmen bringen heute aus unterschiedlichen Quellen stammende Datensätze in Korrelation und erzeugen so umfassende Gesamtbilder. Auch im Softwarebereich leistete das kreative Multitalent Binnig mit seiner Firma Definiens Pionierarbeit. Ausgangspunkt war seine Überzeugung, dass »Komplexität das größte Problem darstellt, das es heute gibt«[29]. Um mit Komplexität besser umgehen zu können, entwickelte Definiens zunächst umfassende Simulationen, die ihre Information über die Natur aus Bildern bezogen. Auf diese Weise wurden die Simulationen nicht mühevoll konstruiert, sondern vom Computer selbst erzeugt. Der nächste Schritt war dann die automatische Bildanalyse des Ausgangsmaterials in Gestalt von Satellitenbildern oder auch Computertomografien. Dabei wurde eine neue Qualität der Bildanalyse erreicht, die für Binnig »mehr ein Verstehen als ein Analysieren« darstellt.[30] Mit der umfassenden Integration von Bildern in automatische Verarbeitungsprozesse entstanden Techniken zum Umgang mit der nicht zuletzt durch die Bilderflut gewachsenen Komplexität. Gleichzeitig scheint in ihnen die Möglichkeit der Intelligenz von Bildern auf.

Doch welchen Einfluss haben die neuen Bildwelten auf unsere Zeit? Können sie wie vor gut einhundert Jahren ästhetische Impulse setzen? Tatsächlich gibt es zahlreiche Parallelen zwischen damals und heute. Die Schrebergärten finden ihre Entsprechung im Urban Gardening, Landlustpublikationen bedienen die Sehnsucht nach der untergegangenen dörflichen Lebenswelt. Sogar eine Art neuer Jugendstil ist zu beobachten, der aus der Natur entlehnte Formen feiert. Eindrucksvolles Beispiel ist etwa das von Peter Cook und Colin Fournier geplante Kunsthaus Graz, das mit seiner biomorphen Glashülle an Haeckels Radiolarien erinnert. Auch das während der Olympischen Sommerspiele von 2008 weltweit in den Medien präsente Nationalstadion in Peking, von Jacques Herzog und

Pierre de Meuron, verabschiedete sich mit seiner organisch gewobenen Struktur von der mechanischen Rationalität des Industriezeitalters. Dennoch ist nicht zu erkennen, dass sich diese Ansätze zu einem einheitlichen Stil verdichten. Die Bilder aus den Hightech-Mikroskopen legen ganz andere Schlüsse nahe, die nicht an bestimmte Ornamentformen gebunden sind.

Durch die Bilder der Tunnel- und Kraftmikroskope werden die fließenden Übergänge zwischen der den Menschen vertrauten Welt und der Quantenmechanik sinnlich erfahrbar. Selbst unterschiedliche Zustände von Atomen lassen sich mit ihnen noch in Echtzeit beobachten. Wie bereits für Watt und Haeckel gehören auch für Binnig »philosophische Erwägungen«[31] zu seiner Arbeit als Physiker. Interessant ist dabei, dass Binnig bei der Auseinandersetzung mit der in immer kleinere Teile zerlegten Welt zu ähnlichen Schlüssen kommt wie Haeckel. Auf der subatomaren Ebene erkennt Binnig die großen Zusammenhänge und hält es für vorstellbar, »dass auch Elementarteilchen eine gewisse Intelligenz« besitzen.[32] Es ist die auf der Quantenmechanik basierende Entsprechung für den Naturbegriff der Monisten, die den Menschen als eins mit der Natur sahen. Für Binnig ist der Mensch nicht Partner, sondern »Teil der Natur«.[33] Damit stützen die dem Anthropozän mit Mikroskop, Zeichenstift oder Schere abgerungenen Bilder kybernetische Vorstellungen von Wechselwirkungen und Rückkoppelungen zwischen belebter und unbelebter Materie, zwischen Tier und Mensch, Natur und Kultur. Vielleicht gelingt es, aus diesem Verständnis heraus Formen zu erschaffen und mit Sinn zu füllen, die in Analogie zur Industriekultur von Behrens die Vision einer Naturkultur greifbar werden lassen.[34] Wie sich diese in die Lebenspraxis unserer Epoche integrieren ließe, führte bereits Beuys vor. Ob diese Epoche dauerhaft den Namen des Menschen trägt, bleibt abzuwarten. Wir werden nie wissen, in welchem Zeitalter wir lebten.

29 Binnig: Interview mit Marc Gänsler, S. 1.

30 Ebd., S. 3.

31 Binnig: *Aus dem Nichts*, S. 284.

32 Binnig: Interview mit Marc Gänsler, S. 4.

33 Binnig: *Aus dem Nichts*, S. 16.

34 Naturkultur unterscheidet sich hierin von dem durch Donna Haraway geprägten Begriff der Naturecultures.

ANDREAS WALTHER

Fotografische Arbeiten

ANDREAS WALTHER, *1971, lebt und arbeitet seit 1998 zwischen den Kulturen Europas und des Fernen Ostens. Er studierte Experimentalfilm an der Hochschule für Künste in Bremen, Medienkunst an der Kunsthochschule für Medien Köln und die chinesische Sprache an der National Taiwan University. Er interessiert sich für künstlerische Fragen im interkulturellen Zusammenhang, referenziert einerseits die daoistische Kultur mit u. a. Berg-Wasser-Malerei, Kalligrafie und Philosophie, andererseits Ideen aus Medientheorie und Wahrnehmungsphilosophie und entwickelt dabei eine ganz eigene Arbeitsweise mit digitaler Fotografie. Ausgehend von künstlerischen Fragestellungen realisiert Walther von Zeit zu Zeit kuratorische Projekte und engagiert sich in akademischen Kontexten mit Vorträgen, Workshops und Seminaren.

Informationen unter: www.andreaswalther.de

Unbenannt #3 / 2017
36,5 × 53 cm, Pigmenttinte, Hahnemühle Fine Art Papier, Firnis, MDF-Platte, Auflage 5+1AP

Unbenannt #4 / 2017
93,5 × 140 cm, Pigmenttinte, Hahnemühle Fine Art
Papier, Firnis, Dibond, Auflage 5+1AP

Unbenannt #1 / 2013
Diptychon, je 21 × 31,5 cm, Pigmenttinte,
Hahnemühle Fine Art Papier, Firnis,
MDF-Platten, Auflage 5+1AP

Unbenannt #2 / 2014
73 × 110 cm, Pigmenttinte, Hahnemühle Fine Art
Papier, Firnis, MDF-Platte, Auflage 5+1AP

Unbenannt #2 / 2013
Diptychon, je 28 × 42 cm, Pigmenttinte,
Hahnemühle Fine Art Papier, Firnis,
MDF-Platten, Auflage 5+1AP

Unbenannt #1 / 2015
53 × 80 cm, Pigmenttinte, Hahnemühle Fine Art
Papier, Firnis, MDF-Platte, Auflage 5+1AP

Unbenannt #2 / 2017
99,5 × 148 cm, Pigmenttinte, Velvet Fine Art Papier, Schutzlack, kaschiert auf Dibond, Auflage 5+1AP

Die daoistische Kultur gründet sich in einer Wirklichkeit, die einen überraschenden Naturbegriff eröffnet. Im Ansinnen der Selbstkultivierung (養生, 養心) stehen hier Berg-Wasser-Malerei, Kalligrafie, Guqin-Spiel, Tee-Brühen, Philosophie, Qigong und Taichi bereit, sich mit diesen tastend in jene Wirklichkeit einzufinden. Beim Ergründen u.a. mit Tusche, Klängen und Tee zeigen sich Spielräume zwischen Offen-Vagem und Festgelegtem, zwischen Nichtbenanntem und Benanntem und in der weiteren Entfaltung findet sich solche Wirklichkeit dann letztlich in allen Wesen. Natur dieser Wirklichkeit ist atmende Resonanz, in der alle Wesen zusammenhängen und Selbstkultivierung versteht sich dann als Arbeit am Selbst, die das Eintreten in diese Resonanz unterstützt.

Die Berg-Wasser-Malerei etwa verwirklicht sich in Tun und Nicht-Tun. Ausgeführte und nicht ausgeführte Werkteile stehen in dialogischem Zusammenhang, Schattierungen von Tusche machen das Weiß des Malgrundes erfahrbar, und umgekehrt. Beide hängen zusammen und geben einander Wirklichkeit. Dieser Malerei entspringt das Prinzip der Spirit Resonance (氣韻), welches besagt, dass es im künstlerischen Arbeitsprozess möglich ist, Resonanz so ins Werk zu bringen, dass sie bis zu den Betrachtenden fortwirkt. Gelingt dies, dann kann das Werk für alle Beteiligten eine transformative Kraft im Sinne der Selbstkultivierung entfalten.

Eine Frage, die sich mir stellt, ist, ob sich Spirit Resonance in der Fotografie verwirklichen lässt – in einem technischen Medium, das sich körperlichen Wirklichkeiten, wie sie zentral sind für die daoistische Kultur, tendenziell verschließt. Während in der Malerei sinnliches Empfinden und nachsinnend-bildnerische Setzung in einen direkten, beinahe vegetativen Zusammenhang finden können, folgt die Fotokamera stets der Doktrin ihres Konstruktionsplanes und setzt jedes entstehende Foto als deren Instanz. Bindet man aber etwa Erinnerung als körperliche Wirklichkeit in den Arbeitsprozess mit Fotografie ein, öffnet das zusammen mit der Anwendung digitaler Werkzeuge weitere Spielräume. Es wird möglich, an den Fotografien nachsinnend in offenem Zeithorizont weiterzuarbeiten und dabei die in der Erinnerung fortwirkende Resonanz des Ortes am Tag der Aufnahme allmählich zu entfalten.

ANDREAS WALTHER

Unbenannt #5 / 2015

16 × 24 cm, Pigmenttinte, Hahnemühle Fine Art Papier, Firnis, MDF-Platte, Auflage 5+1AP

Unbenannt #4 / 2014
Diptychon, je 21 × 31,5 cm, Pigmenttinte,
Hahnemühle Fine Art Papier, Firnis,
MDF-Platten, Auflage 5+1AP

BEATRIX LANGNER, 1950 geboren, ist promovierte Germanistin, Autorin literarischer Biografien und Essays sowie Literaturkritikerin. Sie lebt in Berlin. In ihren Veröffentlichungen geht es vorwiegend um die Frage, wie Künste und Wissenschaften zurückfinden könnten zu einer gemeinsamen Sprache und Geschichte.

Migranten gegen Giganten
Oder: Wie spricht eigentlich die dritte Natur

BEATRIX LANGNER

1. Feier der Natur

Wer um 1914 am Ufer der Spree zwischen Oberbaumbrücke und Westhafen sitzt, sieht kein stillglänzendes Gewässer, sondern tote Fische an sich vorbeischwimmen, die weißen Bäuche wie Perlmutt schimmernd. Der Fluss trägt Cyanverbindungen, Schwermetalle, krankheitserregende Mikroorganismen in zunehmender Konzentration mit sich, die durch Einleitung von Abwässern von den Fabriken, Kraftwerken und Großwäschereien im Südosten durch die Stadt getragen werden. Typhus breitet sich epidemisch aus, Lungenschwindsucht. Das Problem ist nicht neu. Schon zehn Jahre vor der Einführung der unterirdischen Kanalisation dichtete Friedrich Rückert der Spree ihr Schwanenlied:

> Der Spree
> Ist's weh,
> Sie kann sich nicht entschließen,
> In Berlin hineinzufließen,
> Wo die Gossen sich ergießen,
> Wer mag es ihr verdenken?
> Sie möchte lieber, wenn sie dürft', umlenken.
> Hindurch doch muss sie schwer beklommen;
> Sie kommt beim Oberbaum herein,
> Rein wie ein Schwan,
> Um wie ein Schwein,
> Beim Unterbaum herauszukommen.

Mit der Kanalisation ist das Problem 1874 nicht gelöst. Das bis heute bestehende Berliner Mischkanalisationssystem führt dazu, dass bei starken Regenfällen die Abwässer in die Flüsse abgelassen werden müssen, damit die Brühe nicht in die Keller steigt. Die Verrieselung auf den landwirtschaftlichen Flächen im Umland reicht schon zehn Jahre später nicht mehr aus, um die Mengen an Fäkalien zu entsorgen, die so viele Menschen auf engstem Raum produzieren.[1] Preußen erlebt seine erste ökologische Krise. Die Luft in der Dreimillionenstadt ist zu dick zum Atmen, die prächtigen Gründerzeitfassaden, die schneeweißen Statuen Unter den Linden und im Tiergarten sind bald schwarz vom Ruß der Lokomotiven und der Schornsteine. Brikettfabriken wachsen überall wie Pilze aus dem Boden, zwischen 1819 und 1856 heizt der mitteldeutsche Braunkohlentagebau die Wirtschaft an, die Stahlwerke produzieren auf Hochtouren. Schon 1903 weist der schwedische Physiker Svante Arrhenius den Zusammenhang zwischen Erderwärmung und fossilen Brennstoffen nach, aber niemand kümmert sich darum. Die Elektrizität frisst Megatonnen Kohle, überall in Europa klaffen tiefe Löcher im Leib der Erde. In anderen europäischen Hauptstädten sieht es nicht anders aus.

Die moderne Großstadt erlebt sich zum ersten Mal als Antagonistin der Natur. *Im Dickicht der Städte,* so der Titel eines der frühen Brecht-Stücke, nisten Elend, Verbrechen und Schmutz. Aber welcher »Natur«? Naturwissenschaftliches Denken hat im 19. Jahrhundert die alten Geister der Metaphysik vertrieben. Nicht mehr Geist und Seele, sondern Kräfte und Stoffe, Stoffwechsel und Mechanik bewegen das Universum. Der moderne Begriff der Natur braucht den Menschen bestenfalls noch als Kittelträger und Auge zwischen gläsernen Laborwänden. Die Dichter halten trotzdem an der schönen Natur fest, sie müssen dazu jetzt nur etwas weiter hinausgehen. »Will dir den Frühling zeigen, / der hundert Wunder hat. / Der Frühling ist waldeigen / und kommt nicht in die Stadt.« (Rainer Maria Rilke) Oder es tritt – bei den expressionistischen Dichtern der Kriegsgeneration – die Natur als grausiges Bühnenbild für allgegenwärtiges Sterben auf. Alles Lebende wird Metapher für Tod. »Ein Wild verblutet sanft am Rain / Und Raben plätschern in blutigen Gossen. / Das Rohr bebt gelb und aufgeschossen. / Frost, Rauch, ein Schritt im leeren Hain.« (Georg Trakl)

Gottes freie Natur – da sah noch Mörike »(h)erbstkräftig die gedämpfte Welt / In warmem Golde fließen«, hörte Hebbel das sanfte Rascheln eines fallenden Apfels im Herbstlaub: »O stört sie nicht, die Feier der Natur! / Dies ist die Lese, die sie selber hält.« Nach Nietzsches Diktum einer entgötterten Welt ist davon nur noch ein herrenloser Haufen ramponierter Materie übrig. Der Natur ist die Seele ausgetrieben worden. Die naturzerstörenden Folgen der Industrialisierung sind überall bemerkbar. In Bayern formiert sich die erste Naturschutzbewegung zunächst in Vereinen, später nimmt sich die Landespolitik der verseuchten Seen, Wälder und Flüsse an. Ludwig Klages 1913: »Zerrissen ist der Zusammenhang zwischen Menschenschöpfung und Erde, vernichtet für Jahrhunderte, wenn nicht für immer, die Poesie der Landschaft.«[2] Andernorts, vor allem in der Schweiz, begann man, die Schönheit der Landschaft als nationales Gut zu entdecken. Allerdings bewegte die Schweizer eher die pragmatische Sorge um drohende Zersiedelung ihrer Alpenlandschaft durch Hotels, Sanatorien, Bergbahnen und Seilbahnen infolge des modernen Massentourismus. Landschaftsschutz wurde verstanden als »geistige Landesverteidigung«; als schützenswertes Kulturgut und Teil der kollektiven Identität der Eidgenossen erfuhr Natur eine eher unromantische öffentliche Aufwertung.[3]

Aufseiten der Natur, gleichsam in ihrem Schoß, sammelt sich um die Jahrhundertwende eine grüne Erleuchtungsbewegung aus Spiritisten, Okkultisten, Panpsychisten, Vitalisten, Schwärmern, Nacktbadern, Baumumarmern, Vegetariern, Anthroposophen. Für sie ist Natur gefühlte Umwelt. Lebensreformer praktizieren gesunde Ernährung, Wandern und Gymnastik im Freien. Aber auch den Naturjüngern geht es (wie hundert Jahre später noch immer) in erster Linie um ein moralisch vorteilhaftes Verhalten gegenüber der Natur, nicht so sehr um romantische Verinnerlichung.

Auch die Monisten unter den Naturwissenschaftlern halten, als Anhänger der Goetheschen Urpflanzentheorie, die herkömmliche cartesianische Scheidung von Subjekt und Objekt, Geist und Materie für überwindbar; einer ihrer ersten Verkünder war im 19. Jahrhundert der Psychopyhysiker Gustav Fechner. Wilhelm Bölsche, Ernst Haeckel folgten ihm, holten sogar Gott wieder ins Boot der Evolutionsgeschichte und stemmten sich mit ihren literarisch ambitionierten Büchern über Evolutionstheorie und Zoologie tapfer gegen die Mathematisierung der Naturwissenschaften. Alles Leben, sagen sie, ströme aus einem gemeinsamen Urgrund. Pantheismus im Sinne Spinozas und Goethes stieß unsanft auf moderne Ordnungssysteme, wie sie Darwin, Linné, Mendelejew und andere in den vergangenen hundert Jahren geschaffen hatten.

Aber der Mensch des 20. Jahrhunderts ist nunmal nicht mehr der Innenschauende, Schopenhauers »animal metaphysicum«, das sich betrachtend mit allem vereint, er ist herausgeschleudert aus dem beseelten Kosmos von den neuen Eminenzen wissenschaftlicher Vernunft: Quantenphysik, organische Chemie, Vererbungstheorie. Hatten sich frühere Generationen noch brennend für die Frage interessiert, was die Welt im Innersten zusammenhält, so muss er sich nun mit Kräften und Erfindungen auseinandersetzen, die die Welt im Innersten zerstören könnten: Elektrizität, Röntgenstrahlen, Radiowellen, Radioaktivität, Giftgas, Dynamit. Verloren in der kosmischen Totalität, überwältigt von ihrer immer unbegreiflicheren Komplexität, trudelnd im All zwischen sprachlos kalten Körpern und tödlich strahlenden Atomen, muss die Vernunft nach einer neuen Sprache für das Ich in der Natur, für die behauptete Allbeseeltheit von Tier Pflanze Stein Landschaft Ausschau halten.

Die Natur, umworben und umkämpft von allen Fraktionen, muss unterdessen schwere Niederlagen einstecken. Der Spree nutzte das Gerangel wenig. Die seelische Vereinigung ihres Wassers mit den Schwimmern musste schon an der steigenden Schwermetallkonzentration scheitern, bis zum Kriegsausbruch 1914 wurden alle 29 Berliner Flussbäder bis auf zwei wegen gesundheitlicher Gefahren geschlossen.

2. Die Enteisung von Grönland

Ein Mann sitzt am Berliner Schlachtensee an einem Wirtshaustisch, ein paar Jahre sind nach dem ersten Krieg vergangen, es ist Mai, die Vögel singen, Wolken, Angler, Kinderstimmen, drüben die Gärten der Villen von Zehlendorf, Karpfen, Mücken, heile Welt, stilles Wasser, reine Luft, Randberliner Idyll, schöne Natur. Aber der Mann spürt, es liegt etwas Gewaltsames, Gewaltiges, eine zitternde elektrische Spannung in der Luft. Er sucht nach Worten, die dem gerecht werden könnten, die selbst etwas von dem haben, was sie benennen wollen, denn der Mann ist Schriftsteller. Vor seinen inneren Augen ist Natur brodelndes, brausendes Leben, das »Tausendnamige. Sich Unaufhörlich Wälzende Drehende Aufsteigende

Zurückfallende sich Kreuzende«, »Tausendfuß Tausendgeist Tausendkopf«. Davon will er schreiben, farbig, glühend, grell, expressionistisch, wie die Maler seiner Zeit malen, Schmidt-Rottluff, Pechstein, Kirchner.

> Was im Feuer brennt, dem Züngelnden Heißen Bläulichen Weißen Roten. Was kalt und warm ist, blitzt, Wolken häuft, Wasser heruntergießt, magnetisch hin-und herschleicht. Was sich in Tieren sammelt, in ihnen die Schlitzaugen nach rechts und links bewegt auf ein Reh, daß sie springen schnappen, die Kiefern öffnen und schließen. Von dem, was dem Reh Furcht macht. Von seinem Blut, das fließt und das das andere Tier trinkt. Von dem Tausendwesen, das in den Stoffen Steinen Gasen haucht, raucht, sich löst, verbindet, verweht. Immer neuer Hauch und Rauch. Immer neues Prasseln Verschmelzen Verwehen.

Der Mann heißt Alfred Döblin. Neben seiner Schriftstellerei ist er Kassenarzt mit eigener Praxis in Berlin-Lichtenberg. Die große Erzählung von einer neuen Erde, die den Abdruck der Menschheit trägt, einer anthropogenen Erde also – sie will er schreiben und schreibt sie. Über die Natur in einer modernen, ganz neuen Form zu schreiben, das ist eine Herausforderung für den späteren Verfasser sozialkritischer Romane und Erzählungen wie *Berlin Alexanderplatz* (1929); der Stil soll selbst wie die Erschaffung einer zweiten Natur sein, eruptive Lebensäußerung, Anbetung und großer Gesang. Es zuckt und flüstert und braust in den hackenden, schnappenden Sätzen wie ein lebendiger Wurm: Eine furiose Kraft, wie die Natur selbst, setzt Berge und Meere in Bewegung. Der Roman erscheint 1924 und heißt *Berge Meere und Giganten* – ein gewaltiges Epos von der Erde, ein überwältigendes Ding zwischen Science-Fiction, Mythe und Märchen, eine naturphilosophische Träumerei, bei der einem der kalte Angstschweiß ausbrechen könnte. Hier ist Natur Ursache *und* Wirkung, Subjekt *und* Objekt der Naturgeschichte, brodelndes, brausendes Leben, das »Tausendnamige. Sich Unaufhörlich Wälzende Drehende Aufsteigende Zurückfallende sich Kreuzende«.[4] In diesem Roman wird in drastischen Großszenarien erzählt, was mit der Erde passieren könnte, wenn einträte, wovor Klimaforscher heute geduldig warnen: Die Polkappen schmelzen ab, Grönland wird enteist, Landschaften verformen sich wie Butter, Ozeane fließen über, Gebirge verschwinden. Nicht allmählich, über Jahrhunderte, sondern innerhalb eines Jahres. Und nicht infolge einer Klimakatastrophe wie der CO_2-induzierten Erderwärmung, sondern infolge ungehemmten ökonomischen Wachstums und daraus folgender sozialer Konflikte zwischen den Herrschenden und den Massen in den Megastädten des 25. bis 27. Jahrhunderts. Als »Historiker der Zukunft« (Franz Werfel) hat Döblin die Vision einer zweiten, anthropogenen Schöpfung, wie sie heute die Diskurse der Ökopolitik beherrscht, zum ersten Mal anschaulich gemacht. In neun »Büchern« wird berichtet, wie innerhalb von zweihundert Jahren eine skrupellose Machtelite, deren Zentrale in Brüssel sitzt, einen Krieg zwischen Mensch und Natur anzettelt, den niemand gewinnen kann. »Die Menschen (übrigens zum Teil nigroid) von der Art der vorolympischen Titanen. Kommt aber kein Olymp hinterher. Renkt sich alles von selbst ein. Ein Rippenstoß von der Natur und sie liegen komfortabel auf der Nase.«[5] Die westliche Welt wird beherrscht von einer Clique aus Konzernvorständen, Ingenieuren, Naturwissenschaftlern, die handeln wie staatlich legitimierte Terroristen. Ihre Macht beziehen sie aus dem Wissen über die Naturgesetze, die genetische Veränderung von Pflanzen, die künstliche Züchtung von Fleisch, neue Techniken der Energiegewinnung, Nahrungsmittelsynthese.

Von Chicago bis Marseille sind Schlachthöfe und Getreidemühlen stillgelegt. Die Bevölkerung lebt in unterirdischen Städten und hat sich an synthetische Nahrung (Meki-Nahrung = **M**ikro**e**nergetic-**Ki**netinase) gewöhnt. Die Reproduktionsmedizin kontrolliert die Fortpflanzung bei Tieren, Pflanzen und Menschen – natürliche Empfängnis ist streng verboten. Riesige Samenbanken konservieren das Erbgut. Die westliche Gemeinschaft besteht aus absolutistisch regierten Megastädten. Berlin dehnt sich bis nach Stralsund und Hannover aus, Hamburg hat Bremen und Lübeck geschluckt. Die europäischen Staaten wurden in 28 Biosphärenreservate umgewandelt und sich selbst überlassen. Ihr Betreten ist nur mit Passierschein gestattet. Wilde Tiere wurden ausgesetzt und haben sich vermehrt: Wölfe, Bären, Tiger. Nicht nur die komplette Flora und Fauna, auch der menschliche Stoffwechsel ist vollständig der Kontrolle multinationaler Konzerne unterworfen. Da die »erste Natur« tot oder in Schutzsphären hospitalisiert ist, hat die Industrie eine zweite, künstliche Natur geschaffen, eine Design-Natur für den Massenkonsum. Die Vermischung von organischer mit anorganischer Materie, von Technik und Natur bestimmt diese Kulturepoche: Lichtanstriche an Gebäuden statt Lampen, lebende Hemden aus Haut, die zugleich Wunden heilen und nach Wunsch die Farben wechseln, mobile Häuser, künstliches Fleisch, »Fernseher«, großräumige Bildernebel auf Straßen und Plätzen (den cyber clouds des 21. Jahrhunderts recht ähnlich).

Doch überall auf der Erde kommt es nach einigen Jahrhunderten optimierter Natur zu sozialen Unruhen, Bürgerkriegen. Die Menschen wollen nicht länger synthetische Nahrung zu sich nehmen, nicht Schein-Luft atmen, Schein-Fleisch essen, Schein-Getränke trinken und von »Schein-Parlamenten« regiert werden. Sie wollen wieder blühende Blumenwiesen, murmelnde Bäche, stille Mondnächte im Gewisper von Grille und Grashalm, die sich im Wind wiegen. Döblin ist überzeugt, dass ungebremster technologischer Fortschritt in soziale Regression umschlagen muss, solange ihm ein Machtverhältnis zwischen Mensch und Natur zugrunde liegt, das auf Ausbeutung statt auf Teilhabe und gerechter Verteilung der Naturressourcen zielt. Was er voraussah, waren gigantische Migrationsströme von Süd nach Nord, die Entmachtung der Politik durch die »Industrieherren«, schließlich die Rebellion der Massen. Die Zerstörung der Meki-Fabriken geht dann von den Migranten aus, den »Bunthemdigen«, die in Italien und Spanien zu Hunderttausenden ankommen, »die schweißdunstenden Männer und Frauen mit den blitzenden und melancholischen Augen, die wie Dienende und Unterworfene erschienen und in einigen Generationen alles überfluteten«.[6] Bordeaux und Marseille sind Zentren der Einwanderung afrikanischer »Hilfsvölker«, denen von den Europäern vollständige Assimilation an die weiße Rasse abverlangt wird. »Man könnte Fremde, sagten sie, denen der Mondgottesdienst noch im Blut steckte, die für einen Schluck kalten Biers ihre Habe und Arbeitskraft verkauften, nicht behandeln wie Menschen nördlicher Herkunft. Die westliche und die nördliche Kultur war von ihnen aufzunehmen, nicht zu verschlucken.«[7]

Der Plan einer geopolitischen Neuordnung Europas gelingt. Die isländischen Vulkane werden gesprengt und zu gigantischen Energiespeichern umfunktioniert, der Golfstrom wird umgelenkt, Grönland enteist, um Platz zu schaffen für die Millionen weißer Siedler, die sich dem herrschenden

1 Vgl. Karin Winklhöfer: *Die Wasserqualität der Berliner Spree zwischen Reichsgründung und Erstem Weltkrieg*. Diss. A, Freie Universität Berlin 2015: https://refubium.fu-berlin.de/handle/fub188/7017 (22.11.2018).

2 Ludwig Klages: »Mensch und Erde.« Jena 1913. In: *Freideutsche Jugend. Zur Jahrhundertfeier auf dem Hohen Meissner* hg. von Arthur Kracke, zitiert nach Klaus-Dieter Bergner: *Natur und Technik in der Literatur des frühen Expressionismus*. Dargestellt an ausgewählten Prosabeispielen von Alfred Döblin, Gottfried Benn und Carl Einstein. Frankfurt a. M. u. a. 1998, S. 26.

3 Simon Bundi: *Geschichte der Landschaft in der Schweiz. Von der Eiszeit bis zur Gegenwart*. Von Jon Mathieu, Norman Backhaus, Katja Hürlimann, Matthias Bürgi, Zürich 2016.

4 Alfred Döblin: *Berge Meere und Giganten*. Frankfurt a. M. 2001, S. S. 9–10.

5 Zit. nach W. F. Schoeller: *Döblin. Eine Biographie*. München 2011, S. 248.

6 Döblin: *Berge*, S. 19.

7 Ebd. S. 26.

8 Ebd., S. 294.

9 Ebd., S. 414.

10 Ebd., S. 74.

11 Robert Musil: »Das hilflose Europa oder Reise vom Hundertsten ins Tausendste.« In: *Gesammelte Werke*. Band 2, Hamburg 1983, S. 638 (zuerst 1919).

12 Döblin: *Berge*, S. 450.

13 Alfred Döblin: *Das Ich über der Natur*. Berlin 1927, S. 11–12.

Wirtschaftsregime entziehen wollen. Gletscher, Lawinen, Meere, Strömungen, Tsunamis werden zu Spielzeug in den Händen gewissenloser Politiker-Wissenschaftler und Generäle. Die Enteisung Grönlands wird als ingenieurtechnisches Meisterwerk bejubelt. »Freilich zeuge es im Grunde nur von der fürchterlichen Stupidität des Menschen, daß er sich mit Klima und anderen irdischen Dingen wie mit göttlichen Verordnungen abfinde.«[8] Doch die Erde schlägt zurück; wie ein tödlich verwundetes Tier bäumt sich die missbrauchte, vergewaltigte Natur auf, tötet Millionen Menschen auf dem europäischen Kontinent. Als die Wassermassen allmählich abfließen, hebt sich die grönländische Platte wie ein Korken aus dem Meer. Die skandinavischen Fjorde sind verschwunden, Island ist spurlos im Meer versunken, die Beneluxstaaten, Hamburg, Wismar, Danzig, Petersburg in einer gigantischen Wassermasse untergegangen, die Hunderttausende toter Wale, Robben und Tiefseefische mit sich führt. Das Schlimmste aber kommt noch: aus dem kilometerdicken Gletschereis werden durch tödliche Strahlung und Hitze Lebewesen freigesetzt, deren Genom dort seit Abermillionen Jahren konserviert war und nun Mutanten erzeugt, furchtbare, alles verschlingende Riesenlurche, deren Blut alles, was davon benetzt wird, zu monströsem Riesenwuchs mutieren lässt, wie zur Zeit der Ursaurier, und zusammenbackt: Steine Bäume Menschen Tiere. Europa geht unter in einem Inferno aus Feuer, Rauch, Schlamm, Gewittern, Überschwemmungen, Vulkanausbrüchen.

3. Die Giganten

Das Anthropozän, dessen Ausrufung sich unser 21. Jahrhundert zu Unrecht rühmt, hat also in Döblin schon vor fast hundert Jahren seinen Chronisten gefunden. Die Gestalt der Erde wird durch menschlichen Eingriff umgemodelt. Nach der Katastrophe entstehen aus der geistigen Macht über die Natur, verkörpert in dem Übermenschen Delvil, durch kontrollierte Koagglutination von Zellmaterial die »Giganten«: Turmmenschen, Menschentürme, Wächter / Waffensysteme mit übermenschlicher Machtfülle, die an den Grenzen der »Festung Europa« aus dem verseuchten Boden wachsen. Ihre Aufgabe: die grönländischen Siedler schützen, Migranten abwehren und die furchtbaren Untiere vertreiben, die unter dem Gletschereis hervorkriechen. Denn größer wird bei den Mächtigen nicht die Einsicht in ihre verfehlte Politik und ihre Verbrechen an der Wissenschaft, sondern nur die Wut auf »diese Welt, die Erde, die ihm dies antat, die phantastische blöde schreckenlose Macht, die sich vor ihm aufstellte und ihn wie ein wilder Bulle umwarf. Man hatte nicht dazu die Acker verachten gelernt, das Korn weggeworfen, das der Boden gab, das Vieh, das sich selbst fortpflanzte, um dies zu erdulden«.[9]

Die Möglichkeit, »ganze Völker ackerlos und sonnenlos jahrzehntelang zu ernähren«, bedeutete unermessliche Macht der Industriekonzerne über die Gattung *homo sapiens*. »Damit sei gegeben: Aufhören der Geschichte, Sicherheit der Art Mensch.« Dieses Ziel wurde erreicht »durch staatliche Züchtung, über Jahrhunderte fortgesetzt, durch biologische Eingriffe, besonders Ernährung«.[10] Und schließlich wird der optimierte Mensch selbst aufhören. Sein Zellmaterial wird kontaminiert mit dem von Bäumen, Steinen und Mikroben. Das Ich verschmilzt zur denkenden Biomasse, zum Massen-Ich.

Die dritte Natur: hier ist sie zu besichtigen. Der Mensch, Schöpfer seiner eigenen Zivilisationsgeschichte, ist angetreten, die Evolution künftig selbst in die Hand zu nehmen. Wie die industrielle Revolution des 19. Jahrhunderts eine zweite Natur, das Maschinenwesen hervorgebracht hat, die den arbeitenden Menschen verdrängt und ihn zum maschinenähnlichen Sklaven der Produktionsverhältnisse gemacht hat, so verschmilzt die Industrie des 27. Jahrhunderts in Döblins dystopischer Vision Manpower und technische Intelligenz mit organischem Zellmaterial zu einer neuen, hybriden Existenzform menschlicher Intelligenz, von der die alten Alchemisten nicht einmal zu träumen gewagt hätten. Döblin nennt sie Giganten. Damit wird auf einen zentralen Mythos des europäischen Altertums verwiesen, der nun seine Fortsetzung findet: als Gigantomachia des Industriezeitalters.

In der antiken Mythologie werden die Giganten als Mischwesen aus Mensch und Tier (Schlange, Fisch) dargestellt. Der griechische Dichter Hesiod hat vor zweieinhalbtausend Jahren von ihnen berichtet. Sie symbolisieren die elementaren Naturgewalten, die einstmals die Erde geformt haben, bevor der Mensch auf ihr erschien. Nach langem Kampf entmannt der Titan Kronos seinen Himmels-Vater Uranos; aus dessen Blutsamen entstehen die Giganten, Erynnien und Nymphen. Die Titanen werden wiederum von den Hundertarmigen besiegt, mithilfe des Olympiers Zeus, die Giganten von den Olympiern, Halbgöttern wie Herakles und Dionysos.

Es verbirgt sich unter dieser mythischen Erzählung die älteste Naturgeschichte der Erde, gewissermaßen die Genesis als blutiger Familienroman; hier kämpfen Gebirge und Meere miteinander, Vulkane brechen aus, Sturmfluten vernichten Inseln. Kosmische Naturgeschichte mündet schließlich in die Kulturgeschichte des archaischen Griechenland.

Natürlich sind die Giganten, diese Menschentürme an den Grenzen von Europa, bei Döblin keine mythischen Wesen, sondern politische Metapher für das, was wir als Armeen und Militärbündnisse kennen – biopolitische Monsterwaffen, eine polymorphe Masse, gelenkt von einem zentralen Gehirn. Sie verkörpern das, was manche als »dritte Natur« bezeichnen, die Unterwerfung der gigantischen Formkraft der Naturgesetze unter die Macht des menschlichen Geistes / Gehirns. Damit ist gesagt: Die Kriege der Zukunft werden Kriege zwischen denkenden Bio-Maschinen sein, ferngesteuerten künstlichen Intelligenzen. Die uns geläufigen Unterscheidungen von »Natur« und »Kultur«, Subjekt und Objekt, Vegetabilität und Zerebrum verschwinden angesichts jener menschenmordenden Fleischtürme.

Natürlich konnte Döblin die digitale Zukunft der modernen Informationsgesellschaften mit ihren »denkenden« Maschinen aus dem Hause Microsoft & Co. nicht voraussehen, aber der Naturwissenschaftler, der Mediziner Döblin war ein viel zu scharfsinniger politischer Beobachter seiner Zeit, der Weimarer Republik, um nicht zu erkennen, wohin technologischer Fortschritt und Rüstungswettlauf der Supermächte die westlichen Kulturen treiben: in eine tödliche Spirale der Gewalt, die auch die Erde selbst als Lebensraum zerstören könnte. Seine Giganten sind das ultimative Resultat kapitalistischer Konzentrationsprozesse bei gleichzeitiger Entmachtung demokratischer Kontrollgremien. Wenn der Metaphysiker Rudolf Steiner zur selben Zeit von den seelischen »Wachstumskräften« des Menschen schwärmt, die durch einen Mondspaziergang angeregt werden, so stellt Döblin solch blinder Naturbeseeltheit die Wachstumskräfte übernationaler industriell-militärischer Konzerne gegenüber. In der Alchemie der ökonomischen Macht ist Natur lediglich Stoff – wie in der cartesianischen Wissenschaftspolitik Anfang des 17. Jahrhunderts. Luft, Wasser, Kohle, Gas, Öl, Flora und Fauna sind Objekte menschlicher Begierde, Ziffern in den Bilanzen einer gigantischen Rohstoff-Bank namens ERDE. Aus der beseelten All-Einheit, der sich noch naturforschende Dichter wie Goethe oder Novalis gegenübersahen, wird Natur zurückgesetzt auf den Ausgangszustand im Anfang der Neuzeit: ein hermetisches Laboratorium, ein Experimentierraum macht- und renditehungriger Konzerne, aus dem nicht nur Gott, sondern auch das beseelte Ich eliminiert sind. »Dritte Natur«, das ist hier Re-Kombination und Re-Komposition der Bausteine der Natur zu »Bio-Fakten«, Hybriden aus Maschinenintelligenz und organischem Zellmaterial, also das, was wir auf Digitaldeutsch Cyborgs nennen. Das Ergebnis: Rekreation der Schöpfung zu einer zweiten, anthropogenen, also menschengemachten Erde. Am Ende aber kollabiert das ökologische System Erde; Technikgeschichte fällt zurück in Naturgeschichte. Zurück auf null: Tausend Jahre Geschichte sind vernichtet. Wir wissen heute, wie es angefangen hat: mit den Strategien von Monsanto / Bayer auf dem südamerikanischen Kontinent, mit genetisch veränderten Samen, die der Industrie das Monopol über das Saatgut für Baumwolle, Raps, Mais sichern; mit der Züchtung von Pflanzen, die ihre eigene Keimkraft auslöschen und den Saatgutumsatz verhundertfachen, mit der Entwicklung von chemischen Düngern und Pestiziden und den dadurch ausgelösten gesundheitlichen Schäden der Landarbeiter, mit den Streiks peruanischer Bauern; mit der Überflutung der Märkte mit künstlich angereichertem convenience food; mit der Patentierung von Pflanzen und Nutztieren – Stationen auf dem Weg zur Unterwerfung der beseelten, lebendigen Natur unter die Renditewachstumsraten von Multikonzernen.

Döblin war nicht der Einzige, für den die trübe Beschaulichkeit des fin du siècle in den Kulturschock imperialer Kriege und naturwissenschaftlicher Erkenntnisse führen musste. Auch andere Schriftsteller – Robert Musil, Hermann Broch, Paul Scheerbart, Bernhard Kellermann oder Hans Dominik – ließen sich von den Fortschritten der modernen Naturwissenschaften und Technik zu Visionen hinreißen, wie eine Menschheit aussehen könnte, die sich statt über philosophisch-ethische, religiöse oder soziale Werte künftig über ihre industriellen Technologien und Rohstoffbörsen definieren würde. Für den österreichischen Schriftsteller Robert Musil liegen die Gefahren ungebrochener Technikgläubigkeit für die Konstitution persönlicher Verantwortung nach der Kriegskatastrophe von 1914/18 auf der Hand: »... wir denken und handeln nicht über unser Ich. Darin liegt ja das Wesen unserer Objektivität, sie verbindet die Dinge untereinander, und selbst wo sie uns zu ihnen in Beziehung setzt oder – wie in der Psychologie – uns selbst zum Gegenstand hat, tut sie es unter Ausschluss der Persönlichkeit. Es gibt die Objektivität gewissermaßen das Innerliche an den Dingen preis, das Allgemeingültige ist unpersönlich ... oder: für eine Wahrheit kann man nicht mit der Person einstehn. Objektivität stiftet daher keine menschliche Ordnung, sondern nur eine sachliche.«[11]

4. Tat twam asi

»Ein lebendiges Wesen die Welt: das ist ungeheuer zu denken.«[12] In einer Selbstrezension hat Döblin seinen Roman ausdrücklich in den Kontext des Goetheschen Begriffs einer beseelten, nichtcartesianischen Natur gestellt. »Es wird von der lebendigen Natur gesprochen, wie sie überall seelische Zeichen hat. Ihre Wahrhafte, bis in das sogenannt Anorganische gehende Beseeltheit gezeigt, und wie der Mensch, sein personales, einzelnes Ich, hier hinein verschlungen ist.«[13]

Verglichen mit dem, was zu Goethes Lebzeiten unter Natur verstanden wurde, ist die dritte, technologisch generierte Natur im Roman tot, entseelt, entmenscht, ausgehöhlt, missbraucht – ein Menetekel des frühen 20. Jahrhunderts. Die Flüsse verseucht von Industrieabwässern, die Luft von Abgasemissionen aus den Kraftwerken, der Mensch selbst eine misslungene Züchtung, abhängig von design food, degeneriert, erschlafft und verweichlicht durch Müßiggang und Wohlstand oder verelendet durch Armut und ausbeuterische Fabrikarbeit.

Der Erste Weltkrieg war von vielen Zeitgenossen als ein pseudosakrales, von archaischer Opferbereitschaft begleitetes Ereignis wahrgenommen worden, das sich erst mit der deutschen Niederlage in seiner ganzen Wahnwitzigkeit offenbarte. Wie *ein* Organismus dem andern standen sich die Armeen gegenüber, der einzelne Soldat verschmolz mit seiner Waffe, mit seiner »Rüsselmaske«, zur opaken Masse. »Man war plötzlich Teilchen geworden, demütig aufgelöst in ein überpersönliches Geschehen, und spürte, von ihr eingeschlossen, die Nation geradezu leibhaft.«[14] Döblin war nicht gerade bekannt für romantische oder esoterische Gemütsstimmungen. Sein Glaubensbekenntnis lautete: »Die Welt ist nicht zum Begucken da.« »Sicher weiß ich, daß Koffein, Wasser, Stickstoff, wie jeder chemische Körper, wie Kupfer, Aluminium, aufs innerste beseelt sind, nicht anders wie das Ich, die Pflanze, das Tier. Die Seelen dieser Stoffe zeigen sich und sind real in den Reaktionen der Stoffe, in ihrem Verhalten zu anderen Stoffen, in ihrer Farbigkeit, Härte, dem Wechsel der Aggregatzustände.«

Wer das Genom der Maispflanze verändert, verändert oder vernichtet in diesem Sinne ihre »Seele«. Das Wechselverhältnis zwischen Mensch und Umwelt nannte Döblin »Resonanz«, aber was er meinte, war nicht Metaphysik, sondern die Interaktion belebter Körper auf der Ebene der Zellen, Atome, Moleküle. »Die wirkliche Seele des lebenden, wirklichen Menschen aber ... ist nicht außerhalb der Seele des Salzes, des Eiweißes, des Wassers.«[15] Wenn man Döblins Seelen-Resonanz-Körper als Menschheit bezeichnen möchte, dann entspricht ihre jeweilige soziale Organisation einer Art natürlicher chemischer Verwandtschaft, wie sie schon Goethe in dem Roman *Die Wahlverwandtschaften* als Metapher für soziale Organismen benutzt hat. Soziale Großorganismen (wie Staaten) sind sowohl biologische Systeme wie auch Akteure der Menschheitsgeschichte. Als Naturwesen ist der Mensch vor allem eins: sterblich. Von seiner Beseeltheit ist aus naturwissenschaftlicher Sicht am Ende nichts übrig als »zerfallendes Eiweiß Ammoniak Aminosäuren Kohlensäue und Wasser, Wasser, das sich in Dampf verwandelt. Leid- und lustbegierig, wanderungssüchtig, Seelenvereine in Schneelandschaften, in dem pendelnden weiten Meer, in den blasenden Stürmen, den Steinvölkern, die den Boden zu Bergen hochtrieb«.[16] In dem Vortrag *Die Idee der Naturgeschichte* äußerte Adorno 1932 die Vermutung, dass Menschheitsgeschichte und Naturgeschichte nicht grundlegend andere kategoriale Begriffe seien; Geschichte vollziehe sich naturhaft, wie Natur geschichtlich-prozesshaft erscheine. Der Mensch, das vernünftige Tier, ist beides: Als naturhistorischer »Störfall« (Hartmut Böhme) ist er Teil der Naturgeschichte, zugleich aber Protagonist, gestaltendes Subjekt seiner eigenen Geschichte. Das verbindende Element zwischen Natur, Geschichte und Mensch aber ist für Döblin sein Ich, die beseelte, gestaltende Kraft des einzelnen Menschen.

Innerhalb von nur hundert Jahren war der Natur die Seele ausgetrieben worden, indem, wie Adorno feststellte, der Vernunft die Naturhaftigkeit durch die aufklärerische Philosophie (des Kantischen Idealismus) bestritten worden war. Dieser Übergang von einem »beseelten«, lebenden, organischen Naturbegriff bei Goethe und den Romantikern zur technologisch gestützten, transformierten, entgeistigten Natur der industriellen Revolution ist das zentrale Thema von Döblins Megaroman.

Wie spricht also die dritte Natur, in welcher Sprache ließe sich eine Zukunft beschreiben, die uns gestatten würde, jederzeit zurückzukehren in die erste, ursprüngliche, beseelte Natur, von der alle Dichter und Philosophen hartnäckig behaupten, dass es sie gebe? Haben wir nur die Wahl zwischen einer Sprache der Poesie, in der die Erde noch »wie ein Kind (ist), das Gedichte weiß« (Rainer Maria Rilke) und der Apokalyptik des sicheren Weltuntergangs? Wie die neuen Begriffe eines anthropogenen Erdzeitalters, des Anthropozän, heute meist im Kontext katastrophischer Geschichte benutzt werden, so lässt auch Döblin seinen Roman am Nullpunkt der Geschichte enden. Durch menschlich verantwortungsloses Handeln hat die »zweite Natur«, also die Welt technischer Artefakte, sich selbst zurückkatapultiert in mythisch-archaische Seinszustände, wie sie die »Giganten« als Natur 3.0 verkörpern. Zuletzt müssen auch sie dran glauben: Die »dritte Natur«, dieses biogenetische Mischmasch aus Zellkulturen und Intelligenz, wird wieder erste, ursprüngliche Natur – sie stirbt. Für die Verfechter einer schönen neuen Cybernatur bleibt nur Empfindung, ein in der Romantik stark strapazierter Begriff und schon immer das Mittel der Wahl, um Natur naturnah, also ursprünglich und beseelt zu erleben.

Noch Arno Schmidt machte es so, er ging hinaus mit empfindlichen Nerven, um festzustellen: »Das ist das Schönste im Leben: Nachttief und Mond, Waldsäume, ein stillglänzendes Gewässer fern in bescheidener Wieseneinsamkeit« (*Der schwarze Spiegel*). Das Problem: Sobald sie in ihrer Verfügbarkeit als warenförmiges Objekt auftritt, ist Natur nicht mehr ursprünglich – wie jeder Braunkohlentagebau, jeder Blumenstrauß aus dem 3-D-Drucker und jeder Stadtbaum vor Augen führt, also auch nicht mehr schön. Man ist geneigt, Adorno zuzustimmen: »Das Naturschöne geht im Zeitalter seines totalen Vermitteltseins in seine Fratze über; nicht zuletzt bewegt die Ehrfurcht dazu, vor seiner Betrachtung solange Askese zu üben, wie es mit den Abdrücken der Ware überzogen ist.«[17] Dieses Warenförmige der Natur war Anfang des 20. Jahrhunderts nicht mehr zu übersehen. Luft, Wasser, Erde, fossile Energieträger waren die Grundstoffe der beginnenden industriellen Revolution. Oder denken wir an Brechts Gespräch über Bäume, das ein Verbot von Naturlyrik nahelegte. »Was sind das für Zeiten, wo / Ein Gespräch über Bäume fast ein Verbrechen ist / Weil es ein Schweigen über so viele Untaten einschließt!« Auch, möchte man hinzufügen, so viele Untaten an der Natur. Nicht nur die Dichtung, die Natur selbst hat längst ihre Unschuld verloren. »Dritte Natur« und »beseelte Natur« schließen sich, zumindest in dieser Argumentationskette, logisch aus, da Erstere ein Herrschaftsverhältnis des Menschen über die Naturkräfte ausdrückt bzw. voraussetzt, Letztere aber die empathische All-Einheit alles Lebendigen.

Die Rede von einer »dritten Natur« scheint demnach nur sinnvoll zu sein unter der Bedingung der Möglichkeit, dass der Teil – unsere species – das Ganze beherrscht, dem es angehört, der Mensch als Abkömmling der großen Mutter Natur also seine Erzeugerin im Projekt einer neuen, anthropogenen Erde neu zeugt. Döblins Epopöe ist ein Gedankenspiel, das dieser aberwitzigen Logik bis zum bitteren Ende folgt – mit dem Ergebnis, dass nicht der Mensch die Natur beherrscht und niederzwingt, wie noch Descartes und Bacon für gewiss hielten, sondern die Natur ihn. Beseelt von einer Art Anima der Macht, wird der forschende, erfindende Mensch der Zukunft, der die letzten Geheimnisse der Natur enthüllt, selbst zu einem Hybrid aus Mensch und Maschine: zu einem Cyborg, einem trans-humanen Ungeheuer. In einer künstlich verformten und optimierten Schein-Umwelt figuriert er am Ende nur noch als Schein-Subjekt in einem Technologieprojekt, dessen Objekt er selber ist.

Dritte Natur ist also nur die Lüge, mit der wir die Tatsache zudecken, dass weite Landschaften auf unserem Planeten schon die Narben der politischen Systeme und Wirtschaftsordnungen tragen, die sich an Bergen, Ozeanen und Wäldern permanent bereichern. Die hässliche Fratze, die die manipulierte, geschändete, zerstörte Natur uns zeigt, ist das *Tat Twam Asi* der Gegenwart, unser eigenes Gesicht: das Porträt des *homo sapiens* im Zeitalter des Spätkapitalismus.

14 Robert Musil: »Die Nation als Ideal und als Wirklichkeit.« In: *Gesammelte Werke*, S. 612.

15 Döblin: *Das Ich*, S. 125.

16 Döblin: *Berge*, S. 511.

17 Theodor W. Adorno: »Ästhetische Theorie.« In: *Gesammelte Schriften*. Bd. 7, Darmstadt 1998, S. 106.

CHRISTIAN LEHNERT, geboren 1969 in Dresden, ist Dichter und Theologe. Zurzeit leitet er das Liturgiewissenschaftliche Institut an der Universität Leipzig. Seine bislang sieben Gedichtbücher und ein Essay über Paulus erschienen im Suhrkamp Verlag. Neben dem Hölty-Preis (2012) und dem Eichendorff-Literaturpreis (2016) erhielt er den Deutschen Preis für Nature Writing (2018). Der hier abgedruckte Text ist die Dankesrede anlässlich der Entgegennahme des Deutschen Preises für Nature Writing 2018.

CHRISTIAN LEHNERT

Sprache der Natur

Sprache der Natur, so habe ich diese kleine Rede überschrieben, in der ich versuchen will, Rechenschaft zu geben über ein scheinbar anachronistisches Tun – über das Schreiben von Gedichten, die man als Naturlyrik bezeichnen mag. Ein Echo stelle ich an den Anfang aus meinem literarischen Kindheitsgedächtnis:

Im Wald! Im Wald!
Wo die großen grünen Bäume rauschen
ewig rauschen.
Die großen grünen Bäume.
Das goldgrün' Haargelock
worin das Sonnenlicht blitzt
das hängt voller Träume.

So vermochte, auf einem deutlich unterminierten und darum scheppernden Resonanzboden, der Dichter Hans Arp noch im Jahre 1903 den deutschen Wald besingen. Das Gedicht lernte ich in der Schule auswendig, ungewöhnlich für einen sozialistischen Literaturunterricht auf dem »Bitterfelder Weg«, und der Sound irritiert mich, wann immer die Verse aus den Kellern der Erinnerung hervorkriechen. Hans Arp konnte sich noch volltönend einem vertrauten Topos der Naturlyrik überlassen: dem erhabenen, dem dunklen, dem märchenhaft unverwüstlichen Wald. Diesen inszenierte Hans Arp, als wollte er sich noch einmal selbst überreden, als ein verlässliches Gegenüber – als Gegenbild zur schnellen, technisch-rationalen und immer effizienter verwalteten Menschenwelt der Moderne.

Am Hang des Osterzgebirges, wo ich zu Hause bin und viel umherstreife, gibt es reichlich Wälder, aber sie »ewig« zu nennen, käme niemandem in den Sinn. Diese Wälder sind Plantagen, angepflanzte Areale zur Holzgewinnung und zur Verhinderung von Bodenerosion. Die angestammten Arten, Buchen, Eschen und Moorbirken, sind auf den Hängen und Hügelkuppen allmählich ersetzt worden durch Fichten in Reih und Glied, die inzwischen durch wärmere Winter und trockene Sommer in ihren Monokulturen gestresst, vielfach krank sind. Keine »Träume« hängen da im grünen »Haargelock«, sondern Flechten und Totholz und oftmals die feinen Fäden parasitärer Spinnerlarven. Wenn dann moderne Forstfahrzeuge, diese großen und erstaunlich beweglichen stählernen Tiere mit Greifarmen in Sekundenschnelle Stämme entästen, zersägen und aus dem Dickicht ziehen, habe ich ganz merkwürdige Mischwesen vor mir, halb Technik, halb Fauna, hydraulische Milben.

Die »Natur«, wenn man denn dieses beladene Wort noch verwenden mag, ist gerade auf dem Land und im deutschen Wald ein unsicherer Zeitgenosse geworden. Sie verwächst und verwuchert mit den Spuren menschlichen Wirkens noch im Kleinsten: Da entdecke ich am Wegrand einen rostigen Traktorenmotor, im Weißdorngebüsch entsorgt, und die Marder wohnen darin und ziehen ihre Jungen im alten Dieseltank auf. Weggeworfene löchrige Gummischläuche dienen Schlupfwespen als unaufwendig komfortable Brutkammern. Brennesseln erzählen als Anzeigervegetation von altem Bauschutt, von heimlich fortgeschafften Asbestdächern in der Tiefe unter ihren strömenden Wurzeln. Was ist hier »Natur« und was Menschenschatten? Wo ist der Wald hin?

Widersprüche beleben die Wahrnehmungskraft – und da ich ein undisziplinierter Leser bin, habe ich oftmals mehrere Bücher gleichzeitig auf dem Schreibtisch. Während ich vor einem Jahr Jakob Böhme wieder las, seine *Morgenröthe im Aufgangk*, wo die natürliche Welt in ein ununterbrochenes ursprachliches Erzählen mündet, eine Quellkraft des verströmenden Gottes, da begegneten mir, beschrieben von Bruno Latour, Berichte von einer Tagung, auf der Geologen stritten, ob wir in eine neue Epoche der Erdgeschichte eingetreten seien, in das viel beschworene Anthropozän. Es ging, und das machte mich hellhörig, nicht um philosophische Gegenwartsdeutung, sondern um schlichte begriffliche Klarheit im Sinne der Wissenschaft: Was ist das präzise geologische Signal, also die klar unterscheidbare und ausgedehnte Schichtung, an der sich die neue Epoche denn erkennen ließe? Und was könnte der Begriff methodisch erhellen? Die Argumente klangen für jemanden, der sich gerade in die Welt Jakob Böhmes einfühlte, irritierend dissonant. Wir seien allerorts dabei, den sogenannten Gesteinssockel der Erde zu vermenschlichen. Mit einem Energieverbrauch von siebzehn Terawatt pro Jahr, mehreren Tsunamis oder ausbrechenden großen Vulkanen vergleichbar, greifen Menschen gestaltend in die Erdhülle ein. Dazu Jakob Böhme: »Nun siehe. Es ist kein unterscheid zwischen den Sternen und der Tieffe / mit sampt der Erden und deinem Leibe / es ist alles ein corpus.« Und weiter: »Dann alles Leben muß sich nach der Gottheit recht gebähren / wie sich die Gottheit immer gebähret.« »Wo du nur hinsiehest da ist Gott.« Was ist seitdem geschehen? Plötzlich scheint der geologische Epochenpuls zu hetzen, und die Spuren des Menschen haben kein menschliches Maß mehr – durch riesige Staudämme veränderte Sedimentationen von Flüssen, Tausende vielfach reagierende neue chemische Stoffe, dazu nie da gewesene Infrastrukturen und wuchernde Städte. Und Böhme meint: »Dann das Buch, da alle Heimlichkeit innen liegt, ist der Mensch selber: Er ist das Buch des Wesens aller Wesen.«

Wer will noch vom Wald reden? Der Mensch, der einmal seine eigene Natur darin bestimmte, aus der Natur herauszutreten in den Raum der Freiheit und Zivilisation, der einer »Sprache der Natur« lauschte, um sich selbst als Gegenüber der Natur und »Wesen aller Wesen« zu verstehen, er findet sich in einem unentrinnbaren Innenraum wieder, einer Spiegelkammer. Einmal schrieb ich Verse vom Raureif:

Streicht der Wind durch Buchenwipfel,
das Gezweig ragt auf wie Haar,
Lippen rissig, blasse Gipfel
atmen leise ein, was war.

Hechelnd liegen breite Wälder,
ein Getier: Es wacht und schaut.
Wo es bleibt, wird's immer kälter,
ist der Boden still ergraut.

Atmet der »Wald« nur noch »ein, was war«? Aber ich schreibe weiter vom Wald: Warum? Ein »Getier« ist er geworden, »es wacht und schaut«. Die Vermenschlichung hat ihn eigentlich fremder gemacht, weil er nun das Unmenschliche in uns selbst zum Knarren und Schlagen und Brennen und Flüstern bringt. Er wird ein unheimlicher Spiegel.

In einer Welt, in der das Wort »Natur« so vergangen tönt, werden manche Zuordnungen doch auch klarer und immer noch erkunden Metaphern, etwa in Gedichten, die Ambivalenzen. Wir sehen heute sehr deutlich, wie die »Natur« nie etwas anderes war als eine Konstruktion, in der Menschen einerseits ihr Selbstverständnis nach außen projizierten und anderseits gegenläufig in einen Innenraum legten, in die »Natur ihrer selbst«. »Natur« konnte in Texten der Renaissance als ewige harmonische Ordnung erscheinen, als Sphärenmusik – und die »Natur des Menschen« war es dann, diese Ordnung tätig und gemeinschaftlich zu verwirklichen. Die »Natur« konnte den Dichtern des Barock als das Erhabene gegenübertreten, und die »Natur des Menschen« erschien ihr gegenüber als flüchtige Gebrochenheit, Kleinheit, »ein Schatten, Wind und Staub«. »Natur« konnte als heiler Urzustand oder als wilde Fremde aufleuchten, je mit starken Appellen: Sei zivilisiert! Sei kultiviert! Oder eben: Kehre zurück! »Natur« konnte bei den Romantikern für das ganz Andere stehen, ein ungestalter Raum jenseits der Sprache und des Sinns. Was für ein poröser Grund, die Natur!

Wie das Verhältnis zwischen Mensch und Natur schillert, in wechselseitigen Reflexen, erschloss sich mir vor Jahren ganz sinnfällig in Beersheva, in Israel, über einem städtebaulichen Experiment, dessen ferner Zeuge ich wurde. Die Beduinen kennen ganz andere Grenzziehungen zwischen Behausung und Umgebung, zwischen Innenleben und Fremdgeschöpfen, Kultur und Landschaft. Ihr Nomadentum wirft in einer modernen Industriegesellschaft einige Probleme auf, verbunden mit Worten wie »Schulpflicht«, »Postzustellung«, »Meldeverzeichnis« oder »Kontoführung«. Also begannen Ethnologen und Architekten genau die Lebensgewohnheiten der Beduinen im Negev zu studieren und Häuser zu entwerfen, die gewissermaßen feste Zelte darstellten und dazu einen gewissen, in die Sesshaftigkeit lockenden Standard hatten, etwa fließendes Wasser und Strom. Das war alles sehr ausgefeilt. Die Häuser wurden wie eine Zeltsiedlung am Stadtrand gebaut und sollten bezogen werden. Der Tag der festlichen Übergabe kam. Die Beduinen waren hocherfreut, nahmen die Bauwerke dankbar in Augenschein, zogen auch gern und überraschend schnell ein – nur mit einer kleinen Funktionsänderung. Sie trieben ihre Ziegen in die Häuser. Dort schauten die Tiere verdutzt aus den Fenstern. Die Beduinen bauten ihre Zelte in den Vorgärten auf, zum Hang eines schmalen Wadis hin.

So verworren sind die Verhältnisse. Unerwartetes sickert heute in unsere Naturwahrnehmung ein, verlängerte Menschenkräfte, unvermutete Reaktionen aus hohen Luftschichten oder Meerestiefen, und »Folgen unseres Tuns« beschreibt nur unvollkommen, was da wie eine antwortende Kraft wirkt. (GAIA nannte sie James Lovelock, um in mythologischem Anklang eine Handlungsaktivität der Lebenssphäre anzudeuten.) Jeder Sturm hat seine achtlose Unschuld verloren. Jedes Hochwasser der Elbe, jede Trockenheit lässt uns nach unserem Einfluss fragen. Natürlich? Nichts rechtfertigt mehr den Gebrauch dieses Wortes im alten Sinn.

Noch etwas zeigt sich übrigens, wenn Metaphern erwachen und Wälder verängstigt »hecheln«. Auch die sicheren »Naturwissenschaften« haben uns bestimmte Bilder vor Augen geführt, die vieles erhellen, wie sie anderes verdunkeln. Auch die »Natur« der Naturwissenschaft projiziert gesellschaftliche Muster auf den bildlosen Grund einer Materie. Da erscheint dann, wie auf einer Höhlenwand, der Umriss eines ausdehnungslosen, autonomen Subjekts, das sich in einem sicheren Panzer den leblosen *res extensae* zuwendet, in methodischer Bewaffnung. Da verfestigt sich ein äußerlicher Raum, Umwelt, die man technisch bearbeitet wie ein Gefäß und erobert wie fremdes Land, und das Niedere wird dem Höheren gnadenlos untergeordnet. Da spiegeln die auf einen Plot getrimmten Erzählungen von Ursache und Wirkung einen Menschen, der sich selbst über Funktionen bestimmt und rattert in einem Getriebe gesellschaftlicher Prozesse. Einmal sah ich Gänse, Nonnengänse, im Herbst über die Autobahn ziehen:

Risse im Stoff, durch den Himmel, in Fäden, fein durch die Zirren
ziehen Nonnengänse und trennen den Raum auf, Gewebe:
Samt, da zucken Gewitter und Windräder blinken, die Falten,
Wolkengewänder fallen über die Berge und sinken
haltlos über die Autobahn, ein Kleid ohne Körper.

Schlafend und wachend in eins im Flug, sie hungern seit Tagen,
Vögel im Keil, sie magern ab auf den Willen und Knochen.
Ihre Vergangenheit nährt sie, das Fett aus dem üppigen Sommer,
Gras und Gewürm, verwandelt in die Bewegung der Schwingen.
Manchmal fällt aus den Vielen eine zurück – ist vergessen,
war nie dabei, als man fraß, und taumelt allein in die Tiefe.
Wenige hören den Schrei, wenn einer der Vögel sich aufgibt:
Durchdringend, leise, ein Sirren, gerade so noch zu hören,
schwingt durch Luft und Gestein, wie Nachtfrost sticht es ins Erdreich.

Warum schreibe ich noch immer solche Gedichte in fließenden Hexametern über Tiere? Lyrik ist eine der beweglichsten geistigen Beschäftigungen des Menschen. Sie hat die Fähigkeit, unbekanntes und sprachlich noch nicht umrissenes Gelände zu erkunden und auf Veränderungen zu reagieren wie ein sensibler Seismograf. Schneckenfühler auf Hunderten Versfüßen tasten sich hochsensibel und ganz langsam ins Ungesagte. Die »Natur« wird dabei zunächst ganz ähnlich wie in den Naturwissenschaften erkundet – in Bildern, in Modellen könnte man sagen. Im Zug der Übertragung, der *Epiphora,* wie sie schon Aristoteles als poetische Grundform beschrieb, werden vertraute sprachliche Muster auf das angewendet, wofür die Worte fehlen. Eine Strömung entsteht, ein Sog, und aus ihm, aus dem Fehlenden, kommen die eigentlichen Energien des Gedichtes.

Da zeigt sich nun aber auch ein Unterschied zur Forschung in den Naturwissenschaften, denn etwas vertragen Gedichte nicht: einen bestimmenden theoretischen oder begrifflichen Vorlauf. Gedichte sind ganz empfindlich gegen Absichten und zu große Bewusstheit. Sie sind keine Experimente, die etwas verifizieren könnten. Sie führen mich zurück auf passive Wahrnehmungsweisen. Im Gedichte kommt mir »etwas« aus der Fremde entgegen, und es wird, noch namenlos oft, im Puls der Verse als Fremdes empfangen, und das heißt: in Verstörung und Einspruch und Verunsicherung. Es schwingt, hin und her, klingt, wird Rhythmus und Vers, hörend und sprechend, findend und erfindend, Widerfahrnis und Tun. »Natur«, »Natürliches« ist dann noch nicht eingeordnet in einen starken Deutungshorizont, denn »als was« ich die Phänomene auch immer verstehe, das Gedicht greift tiefer und öffnet sich dem Unverstandenen und lauscht. So können Gedichte fragend wahrnehmen und dann auch den Leser wahrnehmen lassen, was sonst vielleicht verborgen ist.

Manche Dinge lernt man von Tieren, von Ziegen oder Hunden. Wenn unsere Hündin mit den Kindern zusammen ist, dann beobachtet sie genau, wach, mit aufgestellten Ohren, was passiert. Verstecken wird gespielt zwischen den Sträuchern – sie versteht es nicht, aber sie lauert, läuft mit, nimmt teil, hat immer die Erwartung, dass sie plötzlich gemeint ist, auch wenn sie noch gar nicht erkennen kann, womit sie gemeint sein könnte. Die Hündin zeigt eine poetische Haltung, sie geht mir als Dichter voran – so will es mir in neuerlicher Übertragung erscheinen. Denn Gedichte, als sprachliche Gebilde, zielen auf Sinn und rechnen mit Sinn. Ich meine damit etwas ganz Einfaches: Dass mir das, was mir entgegenkommt, etwas bedeutet. Ich antworte darauf – dichtend, handelnd. Das Deutsche hat an dieser Stelle interessante grammatische Formen, denn unsere Sprache rechnet wie der Hundesinn mit einer allgegenwärtigen Aktivität, dass etwas »*sich* zeigt« oder dass »es« (ein rätselhaftes »es«) »etwas gibt«, denn »es gibt etwas«. Das Gedicht führt mich zurück an den Ursprung des europäischen Denkens, ins Staunen, wie es Platon nannte. Diese Frühe, die Verwunderung darüber, daß »es etwas gibt« und »sich uns zeigt«, haben wir, eingebettet in Diskurse und die Horizonte des Machbaren, in Europa fast schon verloren. Die Spiegelkammern einer technisch überformten Natur verschleiern diesen Ursprung, aber sie können ihn nicht eliminieren. In der Kunst schafft er sich Raum. Denn mit dem denkenden Staunen hätten wir unsere Freiheit verloren, aus der »Natur« als Menschen herauszutreten. So will ich noch einmal ein Tier durch diesen Raum schwirren lassen, wo es gar nicht hingehört. Sehr flüchtig ist es, will verführen zum Innehalten, schwebend in der Luft und in den Fragen:

Sie ist mir eingegeben, die Libelle,
ein stilles Komma in der Luft, sie steht,
als ihr das Graslicht in die Augen weht,
noch immer zögert sie an einer Stelle …

Weil die Bewegungen nicht ihre waren?
Weil nichts erklärt, wie etwas folgen soll?
Weil das, was kommt, nicht uns gehört, und voll
die Flügel stehen, voll von Unsichtbarem?

Und wie sie zittert, ist sie ganz für sich –
ein unwägbares, schwebendes Gestein.
Ein blaues Licht schließt sie von innen ein.

Ich sehe ihren Glanz – er schaut doch mich.
Wie aufgereihte Perlen, ihre Glieder,
in ihrem Schimmer kehrt der Sommer wieder.

SABINE SCHO, geboren 1970 in Ochtrup in Westfalen, studierte Germanistik und Philosophie, arbeitete mehrere Jahre in Saõ Paolo und lebt heute in Berlin. Sie veröffentliche u. a. die Gedichtbände *Album* (2008) und *farben* (2008) sowie *Tiere in Architektur. Texte und Fotos* (2013). Ihr Werk wurde u. a. mit dem Leonce-und-Lena-Preis (2001), einem Stipendium der Villa Aurora (2003), dem Stipendium der Deutschen Akademie Rom Villa Massimo (2019) sowie dem Deutschen Preis für Nature Writing (2018) ausgezeichnet. Der hier abgedruckte Text ist die Dankesrede anlässlich der Entgegennahme des Deutschen Preises für Nature Writing 2018.

Did you see something?
(Hast du etwas gesehen?)

SABINE SCHO

Some people talk to animals. Not many listen though.
That's the problem.

ALAN ALEXANDER MILNE, *Winnie-the-Pooh*

Did you see something? (Hast du etwas gesehen?) War vielleicht im Sommer 2018 die meistgehörte Frage, der ich begegnet bin. Jenen Sommer verbrachte ich, dank eines Grenzgänger-Stipendiums der Robert-Bosch-Stiftung, in Südafrikas Nationalparks und: Indeed, I saw something, and something saw me. (Ich habe etwas gesehen und etwas sah mich.)

Nature Writing, so kam es mir bislang vor, das ist die rein unidirektionale Beobachtung, die den Nature Writer selbst fern jedes Geschehens rückt und keinerlei aufreibende physische Selbstbeteiligung von ihm verlangt, noch ihn je einer Gefahr aussetzt. Es ist Kontemplation und innere Einkehr im Angesicht letzter, natürlich verbliebener, d. h. nicht zuvorderst durch Menschen allein geprägter Gelände. Oder rein forschendes Interesse, das den Forscher nicht selbst kompromittiert. Und damit tut sich auch schon ein leichter Widerspruch auf.

Selbst wenn Balduin Bählamm von Wilhelm Busch mich schon daran hätte erinnern können, dass eine Art Plein-Air-Schriftstellerei, oder auch nur Freiluft-Recherche, die Autorin immer auf eine Weise mit einbezieht – von der Karl May vielleicht mit gutem Grund nicht so viel wissen wollte, und sei es nur, weil einen die Natur daran hindert, zu Werke zu gehen, weil sie zu heiß, zu kalt, zu nass, zu trocken, zu windig ist, oder dem Dichter ein Vogelschiss schon mal die Verse verhagelt. Und weiß man, ob man noch einmal an den Schreibtisch zurückkehren wird, um aufschreiben zu können, was einem alles so in und mit der Natur widerfahren ist?

Das klingt Ihnen jetzt zu dramatisch? Ist es auch, also dramatisch. In jeder Hinsicht. Es ist auch das dramatisch, was man als *embedded* Nature Writer nicht sieht und wovon man nur liest oder hört: der Tod eines Kruger-Park-Rangers, der während unseres Aufenthaltes, ganz in der Nähe des Lower Sabie Camps, in dem wir kurz vorher unterkamen, von Wilderern erschossen wurde. Auch das ist Nature Writing: Wenn der Tag mit mehr als nur einer Schusswunde beginnt und gleich endet, für Tiere und Menschen in den Nationalparks Südafrikas.

Oder der Moment, in dem man entscheidet, den Finger vom Auslöser zu nehmen, weil es einem Elefanten gefällt, uns in den Rückwärtsgang eine enge, kurvige und abschüssige *Dirt Road* hinabzuschicken. Während der *Field Guide* am Steuer versucht, das ca. vierzig Jahre alte Tier mit stattlicher Schulterhöhe und imposanten Stoßzähnen in den Busch zu winken, als müsse es einem Verkehrspolizisten Folge leisten. Nur, das beeindruckte den *Great Tusker* wenig, der uns weiter und weiter zurücktrieb, bis es schlussendlich gelang, den Wagen zu drehen und erst die Rücklichter ihn überzeugten, dass wir nun endgültig das Weite zu suchen bereit waren, das wir vorher aus Mangel an Wendemöglichkeiten nicht hatten suchen können. Nicht gerade beruhigend, zu erfahren, dass Elefanten es schnell auf 40 km/h bringen und so einige Tonnen Blech leicht aufs Dach legen können und dies in schöner Regelmäßigkeit immer wieder tun, wovon unzählige Clips im Internet zeugen.

Aber wann habe ich das letzte Mal in der Natur um mein Leben gefürchtet? Oder doch zumindest damit gerechnet, dass ich Schaden nehmen könnte? Doch, ich kann mich erinnern, das war in Brasilien in den Bergen, ein eher kurzer, vielleicht halbstündiger Wanderweg führte auf die Aussicht eines Pedra Grande, eines Findlings von gebirgiger Größe, und das Gewitter war bereits im Anmarsch.

Wie schnell es dann tatsächlich da war und wie exorbitant näher ein Tod durch Blitzschlag mir damals nicht nur schien, sondern es tatsächlich war, merkten wir, als es neben uns nur so niederkrachte und wir den Weg zurück so schnell antraten, wie ich in meinem Leben noch keinen Weg zurück genommen habe, knöcheltief in herabstürzenden Wassern. Aga-Kröten stellten sich uns in den Weg. Allesfresser, die mich jetzt daran erinnern, dass ich hin und wieder relative Größenunterschiede zu schätzen weiß, auch wenn ich bislang sicher sein konnte, so gut wie keine Fressfeinde auf diesem Planeten mehr fürchten zu müssen.

Höchstens alles, was giftig ist, flößt mir noch Angst ein, aber auf dem Speiseplan von Prädatoren wähnte ich mich noch nie. Dann sah ich zwei junge Löwen, vielleicht Geschwister, die am Morgen gejagt haben müssen, denn eine frisch geschlagene Wunde oberhalb des Schulterblatts, die sich so schlecht lecken ließ, war deutlich zu sehen. Schilder warnten nicht umsonst davor, dass selbst an den Aussichtspunkten nur auf eigene Gefahr ausgestiegen werden kann, was sinnfällig wurde, als sich genau dort die jagenden Löwen später herumtrieben.

Nature Writing, so wie ich es inzwischen verstehe, verlangt seinen Protokollant*innen und Dichter*innen einiges ab. Was so beschaulich klingt, scheint mir das völlige Gegenteil von gefahrlosem Forschen, von Versenkung und Kontemplation zu sein. Versenkung und Kontemplation, so lehrte mich beinahe noch jede Kontaktnahme mit der Natur, sind in ihr nahezu nicht zu finden, sie müssen eine Projektion sein. Die, das gebe ich gerne zu, wieder zu Hause am Schreibtisch, ganz leicht fällt und nicht nur schaden muss, weder der Natur, noch einem selbst. Denn jede Begegnung mit der Natur, die für den Menschen weniger gut ausgeht, verhindert womöglich ihren Schutz. Vielleicht brauchen wir darum eine Idee vom Paradies und einem *Hortus Conclusus,* in dem jede Kreatur ihren unstrittigen Platz hat; zumindest als Utopie.

Bis vor Kurzem wähnte ich mich auf Seiten der Aufklärung, tue es auch jetzt noch, aber mit einem leicht anderen Dreh.

Zurück in Berlin vermisse ich nun schmerzlich die großen Tiere, die durchaus in Deutschland vertreten waren: Braunbär, Wisent, Elch. Und wo der Wolf einmal wieder gesichtet wird, landet er gern auf der ersten Seite der Boulevardpresse.

Wir sind es nicht mehr gewohnt, mit großen Tieren in unserem Nahfeld zu rechnen und unsere Abwehr ist nach wie vor groß, ganz egal, wie viele Studien belegen, dass der Wolf für das ökologische Gleichgewicht wichtig ist und wie viele gefeierte Konzertpianistinnen sich für ihn einsetzen.

So lange Jäger noch jagen und dies nicht den Wölfen überlassen wollen, wird sich daran wohl nicht viel ändern. Stattdessen entwickeln wir offensichtlich lieber Phobien und Ängste, Depressionen, Sorgen und Nöte in ganz menschenfreundlichen Habitaten, oft ohne einen wirklichen Grund dafür zu haben.

Wie sehr habe ich im Kruger-Park doch die Tiere beneidet, die sich an einem Nachmittag an einer Wasserstelle einfanden und mit jeder neu hinzutretenden Gruppe von Warzenschweinen, Zebras, Gnus, Impalas vom Zustand der Anspannung so schnell und leicht zurück zur Entspannung fanden. Ganz so, als könnten sie sich völlig auf ihren Instinkt verlassen, der alarmiert, wenn es nötig wird, aber nicht darüber hinaus. Während der Mensch, antizipativ, wie er ist, die Wasserstelle erst gründlich absichert, damit er seine Ruhe und nichts zu befürchten hat. Er muss das so halten, denn er ist ja ein Mängelwesen, erinnere ich von fern Arnold Gehlens Lehre. Und während er sich die Welt genau so eingerichtet hat, merkt er doch, diese Ruhe ist trügerisch und irgendwer oder irgendwas versucht sie immer wieder zu stören. Meist ist es ein anderer Mensch, der ihm ja ein Wolf ist, und er fürchtet sich vor dem Anderen umso mehr, je weniger diese Störung noch eintritt. Seltsamer Mechanismus.

Wir sind ungeübt im Umgang mit anderen Kreaturen, wenn wir sie nicht zu unserem Nutzen oder Vergnügen halten. Wir sind es nicht gewohnt, etwas sein zu lassen. Das ist schade, denn wenn ich einen natürlichen Zug an mir bemerke, den ich unter allen Umständen verteidigen will und ihn auch verteidige, wie ich glaube, dass es jedes Individuum tut, dann ist es dieser Wunsch danach: Lasst mich sein! Ich bin frei. In einem ganz emphatisch-existenziell animalischen Sinne. Eine Projektion? Wurde uns nicht beigebracht, dass die Tiere aufgrund ihrer begrenzten Vermögen die Unfreien sind? Dass sie nur nach den Gesetzen der Art, selten genug individuell, handeln? Sie können eben nicht anders, sie müssen?

Es kommt mir nur gar nicht so vor, wenn ich sie beobachte. Im Gegenteil. Ich fühlte mich unfrei angesichts all der Tiere, die ich im Sommer sah. Unfrei mit all den zivilisatorischen Errungenschaften, die mich meiner Instinkte mehr und mehr berauben.

Eine Aufklärerin, die sich auf den Instinkt beruft, wie aber geht das nun zusammen?

Nun, der Begriff *Instinkt* ist bis heute so schillernd, wie es die Natur selbst ist. Versuchen wir es mit William James, amerikanischer Philosoph und Psychologe des 19. Jahrhunderts, der mit seinem philosophischen Pragmatismus bekannt wurde: »Instinkt ist die Fähigkeit sich so zu verhalten, dass gewisse Ziele erreicht werden, ohne die Voraussicht dieser Ziele und ohne vorherige Erziehung oder Erfahrung.« Darauf verlassen sich Aufklärer in der Tat eher selten und ungern. Und dennoch, selbst Kant konstatierte: »Denn die Natur hat gewiß nicht Instinkte und Vermögen in Geschöpfe gelegt, damit sie solche bekämpfen und unterdrücken sollten.« Denn der Instinkt ist ein »gefühltes Bedürfnis ... etwas zu tun oder zu genießen, wovon man noch keinen Begriff hat.«

Es ist also eine Welt, die sich dezidiert mit einer Urteilskraft beschäftigt, in der wir vorbegriffliche Entscheidungen treffen. Ich schließe jetzt bewusst nicht einen Um-zu-Satz an (*um zu überleben* böte sich hier jetzt scheinbar sinnstiftend an). Das setzte ja auch den Sinn voraus, dass der Instinkt immer auf einen evolutiven Auftrag ausgerichtet sei. Vielleicht aber gibt es viele Instinkte, sehr unterschiedlicher Beschaffenheit, darunter auch epigenetisch geprägte und spontan mutierte?

An einem Nachmittag im Kruger-Park fasste ich wieder den Mut dazu, mich auf den Instinkt zu verlassen, sofern man sich dazu entscheiden kann. Oder, genauer, ihn überhaupt als eine Instanz, die noch mitreden darf, wahr- und anzunehmen. Nicht, weil das immer die richtigen Entscheidungen herbeiführte, sondern weil das prä-korrekte Reagieren oft den Boden schafft, auf dem ich dann in der Lage bin, planvolle und überlegte Entscheidungen zu treffen.

Wir Menschen haben diese Reihenfolge umgekehrt. Wir überreden uns zu Handlungen, gegen die wir uns instinktiv sträuben, und reagieren dann oft angespannt und aggressiv, wundern uns dabei über uns selbst und kommen so erst recht nicht zu einem befriedigenden Ergebnis. Sie merken, in mir wohnt kein protestantischer Geist, welcher danach trachtete, sich zum Besseren zu überreden, ohne womöglich selbst den Wunsch dazu zu verspüren.

Ich möchte nicht überredet werden, ich möchte intrinsisch überzeugt sein.

Ich erinnere mich auch an Bartleby und sein: »I would prefer not to.« Vielleicht ist sein Schöpfer, Herman Melville, nicht von ungefähr auch der Schöpfer von *Moby Dick*, dem mir wichtigsten Roman des 19. Jahrhunderts.

An der Wertschöpfung Wal hing Melville ein ganzes Gesellschaftsgefüge auf.

Er stellte das Tier in den Mittelpunkt und erzählte, was aus ihm wird, wenn Menschen es bewerten, mit all ihren persönlichen Interessen, ihren Kapitalanteilen, ihren Projektionen, ihren Mythen, ihrem Glauben, ihren Komplexen und ihrem Wissen von der Natur der Dinge. Melville wusste, ohne das radikal Andere, das uns wenig Ähnliche, erfahren wir nichts über uns.

Das schien mir immer die eigentliche Lehre der Evolution zu sein, deren Teil wir ja sind: dieses Sich-selbst-erkennen-Können, gerade weil man verschieden ist in der Dazugehörigkeit.

Mehr habe ich nie gebraucht, um Ehrfurcht zu verspüren vor der Natur, der eigenen, wie der anderen. Und wenn ich von ihr schreibe, fühle ich mich so zugehörig wie fremd, so angenommen wie ausgesetzt, aber vor allem fühle ich mich frei.

gestrandeter pottwal

»something like the tack-tack-tack
of a few dozen typewriters«

wenn die finger fehlen
nervös auf die tischplatte
zu trommeln und der tisch
fehlt dazu

wenn das medium nicht
die message, aber
das medium spendiert
das den schall schneller
transportiert

sonic youth is the loudest
animal on earth

wenn das walkalb an land
allein deshalb verloren ist
weil es niemand mehr hört
selbst das click verstärkende
meer, fortgezogen, seinen
größten spross nicht vermisst

wenn zahnwale mit dem kiefer
knirschen, im schlaf, im sand
im traum, ozeanlos geweckt
vom eigenen gewicht

wenn sich das erhabene
am gestade bläht
gedärme den blubber
wie stollen stützen

wenn das gerippe noch
steht, ein serviettenring
dem keiner ein
leichentuch näht

DANIELA SEEL, 1974 in Frankfurt am Main geboren, lebt in Berlin. 2003 gründete sie gemeinsam mit dem Buchkünstler und Illustrator Andreas Töpfer kookbooks – Labor für Poesie als Lebensform. Für ihr literarisches und verlegerisches Werk erhielt sie zahlreiche Preise, zuletzt erschien ihr Buch *was weißt du schon von prärie.* Die hier abgedruckten Gedichte sind Erstdrucke.

DANIELA SEEL

Gedichte

Eine Weite ungerichtet und wüst, oh süßes Verirren!
Darin ich um Zärtlichkeit streite mit jedem Stein,
zu lernen der Seele Sagen.
Keinem genug.
Trug meinen Drudenfuß ihren trächtigen Fäustchen zu,
die klimpern wie Flohgewitter,
es ist eine Lust.
Es ist ein Entsetzen der Brust und ein Wüten Musik,
das mich verwirrt und zu Kreuze kippt,
ins Mädesüß ihrer Schöße.
Nippes, mich kriegst du nicht!
Oh wie ich irrte, zu lieben der Steine Lied.

Echo

Kaum bei Trost, klappte das Tal zurück in Robustheit, ging es mich an.
Dass Murmeln mit dem Mund eine Richtung hat, und Widerstand.
Hängt wie Atem über den Baumspitzen, trag ich über im Schauen heran.

So aus Anschauung Fransen.

Ich meine Gehöriges auch, Windsbrauts Schnauben.
Säuft von Braue und Teller und Kelle. Könnt ich begieriger sein?
Nicht abzuzirkeln, nie nur zur Wand hin, und wärs noch so wirtlich.

Lass die Hand grob, bis sie mich einholt.

Ungetüm oder getürmt unter Krähenflug, draus Verlangen.
Diskreter als Regen, gerinnt in Basalt.
Auf einem Lehrpfad? Gurgeln Heiligenbildchen ihr Ach –
aus den Schütten, Liebling du unter den Fichten,
wo Schwindel mich überstimmt.
Aber für Riesen, Spleißwerke geisterhaft
in die Höh. – Leben als Menschen?
Und über den Winter?
Amboss flockt, Unrast, dass es unbedingt dampft.
Nächtelang sträubt mich die Hand.
Dass sie auch fledert, sollst du nicht sehen. Tod,
mein säumiges Kissen, Krähenruf mich zu schließen.
Wohin mit den Schuhen? Ich in deinem Rücken,
Echolot, insgeheim bloß.
Sämtliches Bergen, von Bergen ein Lehen.

Ohne Vorsatz, mein Seelchen, segeln sie fort
zu phosphoreszieren, die Pferdeähnlichen bei ihrer Schärpe
durch das große Wasser zu ziehen, den Danach-, den Drachentod-
traum, eisig bläut Bärenklaus Flockenmaul, wie du
errötest, die Zunge hisst, du unter Halmen,
Habenichts, sumpfnahes Dunkel am Puls,
zur offenen Seite hin – wo ich dir Brusttruhe, Blattwerk
bin? Brosche aus zierlicher Eisenzeit zeugt
von Geschirren, schierlingsmild.

Impressum

DRITTE NATUR erscheint zweimal jährlich.
Abonnementwünsche richten Sie bitte an
dritte-natur@matthes-seitz-berlin.de oder an
Matthes & Seitz Berlin, Göhrener Straße 7, 10437 Berlin.
Das Abonnement ist jederzeit kündbar.

Herausgegeben von Steffen Richter und Andreas Rötzer
Mit freundlicher Förderung der Heinz und Heide Dürr Stiftung, Berlin

Erste Auflage Berlin 2020

LAYOUT UND SATZ: Pauline Altmann, Berlin
HERSTELLUNG: Hermann Zanier, Berlin
DRUCK UND BINDUNG: Pustet, Regensburg
ISBN 978-3-95757-538-8
ISSN 2625-98857
www.matthes-seitz-berlin.de